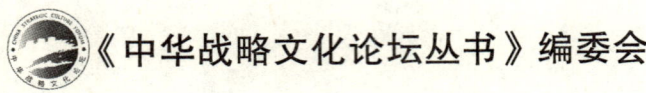 《中华战略文化论坛丛书》编委会

主　任：

　　徐根初

副主任：

　　糜振玉　俞　源　彭光谦　金跃军

编　委：

　　徐根初　糜振玉　俞　源　彭光谦

　　金跃军　李汉秋　杨毅周　宋月航

　　杨汝清　王牧之

华集文化项目

中华战略文化论坛丛书

诚孝仁义公

中华美德新五常

李汉秋　宋月航　王牧之　编著

中华书局

图书在版编目(CIP)数据

诚孝仁义公：中华美德新五常 / 李汉秋，宋月航，王牧之编著. —北京：中华书局，2014.3
ISBN 978 - 7 - 101- 10021 - 1

Ⅰ.诚… Ⅱ.①李…②宋…③王… Ⅲ.品德教育 –中国 – 通俗读物 Ⅳ. D648–49

中国版本图书馆 CIP数据核字(2014)第 034479 号

书　　名	诚孝仁义公——中华美德新五常
编 著 者	李汉秋　宋月航　王牧之
责任编辑	王　建　高　洋
出版发行	中华书局
	（北京市丰台区太平桥西里 38 号 100073）
	http://www.zhbc.com.cn
	E-mail:zhbc@zhbc.com.cn
印　　刷	北京天来印务有限公司
版　　次	2014 年 3 月北京第 1 版
	2014 年 3 月北京第 1 次印刷
规　　格	开本 /787×1092 毫米　1/16
	印张 15¾　字数 100 千字
印　　数	1– 6000 册
国际书号	ISBN 978 - 7 - 101– 10021 - 1
定　　价	30.00 元

培育和弘扬社会主义核心价值观必须立足中华优秀传统文化。牢固的核心价值观，都有其固有的根本。抛弃传统、丢掉根本，就等于割断了自己的精神命脉。博大精深的中华优秀传统文化是我们在世界文化激荡中站稳脚跟的根基。中华文化源远流长，积淀着中华民族最深层的精神追求，代表着中华民族独特的精神标识，为中华民族生生不息、发展壮大提供了丰厚滋养。中华传统美德是中华文化精髓，蕴含着丰富的思想道德资源。不忘本来才能开辟未来，善于继承才能更好创新。对历史文化特别是先人传承下来的价值理念和道德规范，要坚持古为今用、推陈出新，有鉴别地加以对待，有扬弃地予以继承，努力用中华民族创造的一切精神财富来以文化人、以文育人。

　　深入挖掘和阐发中华优秀传统文化讲仁爱、重民本、守诚信、崇正义、尚和合、求大同的时代价值，使中华优秀传统文化成为涵养社会主义核心价值观的重要源泉。要处理好继承和创造性发展的关系，重点做好创造性转化和创新性发展。

　　——摘自习近平在中共中央政治局第十三次集体学习时的讲话

目 录

新伦常：正本开新，赓续命脉

西汉时期，逐渐掌握了权力的汉武帝为了巩固自己的中央集权，迫切希望找到理想的思想资源，儒生董仲舒的"天人三策"便在此时进入了他的视野，"三纲五常"也正式成为伦常的主流，影响其后中国两千多年。在"君权神授"的时代，董仲舒提出了"屈民而伸君，屈君而伸天"的思想，他的做法一方面维系了稳定的社会伦理纲常，顺应了经过漫长的分裂和动荡的战争岁月后人心思定的时代需要，同时也在绝对的皇权之上确立了天道和天意至高无上的地位，九五之尊的皇帝也不可逆天行事，使得皇权在一定程度上受到约束。这些都是对儒家思想有着积极时代意义的发展和完善的，虽然也不可避免地带来了对孔孟儒家思想的偏离甚至异化。

在建构伦理道德并逐步实现和谐社会成为基本共识的今天，儒家文化对伦理道德和社会机制的思考重新回到国人的视野中，如何正本开新，实现伦常的当代建设，就成为我们不可回避的时代命题。我们必须批判并扬弃"三纲"尤其是历代统治者强加在其上的负面价值，也不再提已经成为历史的君臣关系，并顺应男女平等的历史潮流和时代诉求，建设我们的新"三伦"；在继承"五常"思想精华的基础上，发展出具有时代内涵的"新五常"；统称新"三伦五常",以期赓续华夏文明的命脉,让我们的优秀传统在当代焕发生机。

"新三伦":当代人际关系的基石

包括伦理道德规范在内的价值规范系统,是一切文化的核心,也是我们建设新的人际关系以实现社会和谐的核心课题。在文化系统中,相对于法律制度而言,伦理道德是对社会生活秩序和个体生命秩序的更深层的设计。中国人的普遍哲学是以伦理为本位的。伦理道德教化是中国传统文化的核心,也是中华文化对人类文明最突出的贡献之一。根据儒家经典的记载,我们可以看到在孔子的思想中,基本的伦理体系已现雏形。孔子明确提出只有"夫妇别,父子亲,君臣严"才能实现良好的社会治理,同时,孔子谈论"仁、义、礼、智、信"的言语,也大量出现在各类儒家经典之中,成为做人的基本道德规范。

《中庸》云:"天下之达道五,所以行之者三:曰君臣也,父子也,夫妇也,昆弟也,朋友之交也:五者天下之达道也。知、仁、勇三者,天下之达德也。"这里的"五伦"关系是一种双向的相对关系——君敬臣忠、父慈子孝、夫义妇顺、兄友弟恭、朋友有信,是对自天子至庶人所有人的义务性规范。而且孔子还特别强调在上位者的道德义务。当鲁定公问到君臣相处之道时,孔子明确提出:"君使臣以礼,臣事君以忠。"这两句话是有内在因果联系的,只有君对臣以礼相待,臣才有忠君的义务。因为孔子也明确说过:"为人臣之礼,不显谏。三谏而不听,则逃之。"并赞美"邦有道,则仕;邦无道,则可卷而怀之"的卫国大夫蘧伯玉是真正的君子,并不要求臣下对君主的无条件的绝对忠诚。孟子就更加明确地提出对像商纣王那样残暴的国君是可以当作独夫民贼来诛杀的。所以,君臣之间不是单向的绝对服从。父子、夫妇、兄弟、朋友亦然。

后来,董仲舒从先秦儒家的五伦中抽出三伦定为"三纲"(君为臣纲、父为子纲、夫为妻纲),这是依据他的"天尊地卑"、"阴阳相对"的思想所做出的判断。他说:"君臣、父子、夫妇之义,皆取诸阴阳之道。君为阳,臣为阴；父为阳，子为阴；夫为阳，妻为阴。""纲"是总绳，表明是居于主导和提挈的地位的，但也并非绝对的主宰，这与先秦孔孟儒家的思想有所相承但又有偏离。而将"三纲"异化为单向服从的绝对关系则是统治阶层为了强化皇权的需要而对儒家思想的有意曲解和误用，他们甚至强化到"君要臣死，臣不得不死；父要子亡，子不得不亡"的极端地步。

我们在继承和发扬传统文化时，既要注意回归原典去探求先哲思想中本然的精神和价值，又要明察并理性地判断不同时代在赓续传统时按当时需要所做出的变异甚至曲解，还要明了我们当代人赓续传统时的时代诉求。本着这样的原则，我们应一方面批判并扬弃"三纲"思想在历史进程中所带来的诸多负面作用，同时鉴别其所承载的维系人伦的合理内核，并开创发展出新时代的新型人伦关系。

我们今天所面临的伦理弱化，原因之一是源于对儒家思想的偏激认识和过度批判。特别是在以阶级斗争为纲的年代，政治是社会生活的主旋律，政治化的伦理独尊，百姓日用人伦不被关注，甚至被冲击、被破坏。进入新时期后，主流意识已在日益反思，并且不断进行文化战略调整。1992年的中共十四大提出要加强"社会公德"和"职业道德"两大领域建设，到中共十四届五中全会加上一个"家庭伦理道德"（后改为"家庭美德"）建设，到2007年的中共十七大又加上一个"个人品德"建设。至此已注意到从"修身、齐家"到"治国、平天下"的传统叙述。与此相应，引导人们自觉履行的，除"法定义务、社会责任"之外，增加了"家庭责任"，至此可以说已注意到了百姓日用人伦。这些，十八大都在继续强调。我们的传统美德本来就深深扎根于百姓日用人伦之中，我们的新道德建设应当继承这一优良传统，弥补过去几十年的缺失，下大力气建设百姓日用人伦规范。

我们当下社会所要建设的人伦关系，与传统社会中相对严格的尊卑上下关系有原则性的区别，无论是家庭中的父子、夫妇，还是社会中的上下级关系等，都是建立在人格平等的基础上双向互惠互动的伦理关系。这恰恰暗合了孔孟思想中对人际关系的根本期待。我们认为面对当下的道德困境，我们需要首先建设的最重要的三大人伦关系就是：亲子关系、夫妻关系、师生关系。现在农家常立的牌位已由传统的"天地君亲师"趋向于更新为"天地国亲师"，其中"亲"和"师"都是具体的人伦关系。俗话说"一日为师，终身为父"，足见师生一伦的重要。所以，我们在亲子、夫妇之外，增加师生关系一伦，取代现已不存在的君臣之伦，大力提倡亲子爱、夫妻情、师生义，建设好当今的"新三伦"。

"新五常"：伦理道德建设之首重

人之为人所要恪守的道德德目很多，但同一道德体系中众多德目的义理和精神其实是相通的，为此我们要选取具有统摄、支配、辐射整个道德体系价值的"元德"、"常德"作为核心，把它们突出出来，抓紧不放，方能提纲挈领、纲举目张。这种常德的教化不能经常变，不能没有连贯性，不能一阵风，只有经过长期不懈的努力，它才会在最广泛的人群中生根发芽、枝繁叶茂。当然，常德的确立不可能一蹴而就，也绝非一人之功，往往要经过相当长的历史过程。老"五常"的形成便是显例。孔子提倡"三达德"——"仁、智、勇"；同时在给子路解释什么是"勇"的时候说"义以为上"，又说"不学礼，无以立"、"人而无信，不知其可也"。"仁、义、礼、智、信"孔子都分别说到了。孟子又提出了"仁、义、礼、智"的"四端"说。到董仲舒概括出"五常"，已历数百年。另外，在"五常"之外，孝、悌、诚、敬、忠、勇、廉、耻、节、公、谨、慈、爱等也都是古人提出过的重要德目。2005年、2006年李汉秋已两次在全国政协会议上为老"五常"——"仁、义、礼、智、信"郑重正名。今天，我们又在老"五常"的基础上提炼出"新五常"——"诚、孝、仁、义、公"，其中，"仁"、"义"保留，"信"用"诚"含摄，并补充最具中华文化特质的"孝"与可作为中国人社会理想的"公"，这样一方面与传统美德相衔接，同时又具有新的时代精神和内涵。我们希望这五个字所代表的德目为当下社会的道德诉求提供新的基点。

诚 同时含摄"信"。"诚"不仅是做人的根本，也是保障社会得以正常运行的道德基础。孔子说，"君子诚之为贵"，"不诚无物"，"人而无信，不知其可也"，"民无信不立"。"诚"被儒家称为"进德修业之本"、"立人立政之要"。

"诚"与"信"常常联用，"诚"是"信"的内在基础，"信"是"诚"的外在表现。"诚"本身强调的是真诚，诚是道德的真，真实无妄，真实不欺，真心实意，诚心诚意。"诚"是诚实的道德品质，既不自欺，也不欺人。"诚"的对立面是伪，是假，伪妄，壹假。所以，"诚"的命题是要解决真伪的问题。我们往往习惯于把"真善美"连用，并将其与"假恶丑"相对立，真、善、美从根本上说是统一的，真是基础，真的才可能是善的、美的，真是最根本的。十八大报告指出要"弘扬真善美，贬斥假恶丑"；十六届六中全会《中共中央关于构建社会主义和谐社会若干重大问题的决定》以来的中央有关文件常讲到"诚信缺失"，最可怕的就是缺失做人的真诚，因为这是做人的起码人格、基本态度，这也是提高民族素质不可忽视的基本问题。

为人真诚才能对人守信、爱岗敬业、潜心向学，同时"诚意"与"正心、修身、齐家、治国、平天下"者为儒家成就君子人格的重要条目。诚信是中华民族共认的价值标准和基本美德，但在我们当下却出现了严重的诚信危机。诚信危机绝不仅仅是商业危机，而且是深刻的道德危机、精神危机；它不仅破坏经济，而且腐蚀人心、涣散社会、毒害民族！《公民道德建设实施纲要》就已把"诚信"列入20字基本道德规范中，十八大又把它列入核心价值观，并将它作为着力来抓的重点。"修身、齐家、治国、平天下"，由家至国至天下，一切从修身做起；而修身的起点是"诚意"，要从根本的心性修养起。"江山易改，本性难移"，心性是内在的、根本的，修养内化到心性才算修养到家，也是修养的目标。心性不正，学一些权术用语，那只是外在的，只用来修饰门面，这就叫不诚。

　　儒家也要求官吏讲诚信："其身正，不令而行；其身不正，虽令不从。"古人强调"诚为本，术为末；诚则人多自附，术则物终不亲"。现在社会上有一股风，津津乐道如何弄权术、耍手腕，介绍历代名人的"谋略"、"智慧"、"权术"的书一套一套层出不穷，充斥书摊，有的简直就是改头换面的"厚黑学"，却美其名曰"领导艺术"。干部、政治家尤当重真诚，只有真诚才能取信于民，提高公信力，推动社会风气好转。弄权术可以忽悠、耍弄人于一时，但"终不亲"——被人民和历史所疏离，文学艺术中曹操"奸雄"形象之遭唾骂，就是明证。舍"诚"逐"术"是"讲正气"所应拒斥的，如果让"术"占了上风，我们的民族正气就遭玷污了。可怕的是受污染的一部分人还总以能耍手腕、善诡辩为聪明，笑诚实人是书呆子、傻瓜，这真是善恶是非颠倒的大不智。

　　孝　百善孝为先，孝同时含摄"悌"。婴儿首先接触的是父母，道德养成就从此开始。亲慈和子孝是人类最自然、最内在的爱，是植根于人类天性的德行和情感。子女在母体中孕育、在父母呵护下成长，不断感受到父母的养育之爱，很自然地滋长着回报亲情的爱心，这种知恩、感恩、报恩的情感、品性、行为就是"孝"。这种血统之所系、生命之所出的"孝"，不是封建社会和封建家庭的特产，而是基于人性的自然感情。每个人都经历过这种原发性的内心体验，它蕴蓄着巨大的心理能量、情感能量、精神能量，把蕴蓄于人心人性深处的这种能量激发出来、提升起来，就会像核能一样释放出巨大的威力。人类美好的感情，包括体验和感受感情的能力，都需要精心着意地培育才能养成和丰富。认真培育感知父母之爱和爱父母之心，其意义绝不限于家庭。孔子说："立爱自亲始，教民睦也。"孟子也强调："老吾老以及人之老，幼吾幼以及人之幼。"在父母之爱和爱父母之心的回环往复的体验中，人类的爱心不断滋生、发育，从而辐射到血缘亲情以外的广大领域中去。很难想象一个没有感受过父母之爱、也不知爱父母的人，会知道怎样去爱别人；也很难想象一个对父母有深爱、感情诚挚的人面对他人时会毫无爱心、当他人需要帮助时会拒绝施以援手。没有爱心的人是可怕的，他可能为了自身的一点点好处或者仅仅因为一点点矛盾便做出各种损人利己的行为，甚至是杀人弑亲等极端的行为；没有爱心的社会是恐怖的，它可能生成人与人之间的冷漠无情甚至到处充溢仇恨他人、仇恨社会的破坏力量。

同样源于血缘关系的天伦至爱除了"孝"之外还有"悌"。兄友弟恭的情感也是天然形成的，它源于共同的基因、共同的环境、共同的成长、共同的生活。兄弟间的和睦可以带给父母尽享天伦的快乐和幸福，这依然是孝道的表现。和"孝"一样，这种德行也是可以扩充到家庭以外的。"教以孝，所以敬天下之为人父者也。教以悌，所以敬天下之为人兄者也。""事兄悌，故顺可移于长。"悌道的推及既是孝道的自然延伸，也是实现社会和谐稳定的有效途径。

亲子之互爱与市场经济中的买卖交易是截然不同的，是不计功利，不计"支出"、"收入"，而超越于世俗利益计较之上的。这种亲子间的天然关爱和无私奉献精神，是其他人际关系所无法比拟的，这是人类爱心的起点和基石，也是道德启蒙的起点和基石，是培育人性爱心的温床，也是抵御过分功利心的一剂防腐剂。仁爱、博爱之心正是这种爱心的推衍和升华。珍惜这种爱亲的情感体验，把它培育起来，推展开来，就会养成健康发达的爱心和德性。以此为根而衍生的价值观和价值体系，应是天然而富人性的。家庭是培育爱心和德性的全天候学校，但受益的却不仅是家庭，而是全社会，所以说孝道的教育是在为社会培养合格的人。人的道德情感是会发散到四面八方的，不会只是单向的，真正的孝子总是个厚道的人、有德性的人、懂得感恩的人。

仁　可以含摄"爱"。孟子说过："亲亲而仁民，仁民而爱物。"以家庭和血缘为主导的"亲亲"——也就是"孝"——这种个人的道德基础，是仁爱具有可能性的内在心理依据。那么，由孔子倡言的"仁者爱人"，到孟子的"亲亲仁民爱物"，再到张载的"民胞物与"，已把人类的爱心与德行由本义属于家庭的亲子之爱，准广到对所有的人、乃至天地间所有的物的更为广泛普遍的爱——从爱亲走向爱众，从家庭走向社会。"己欲立而立人，已欲达而达人"，"仁"几乎成为中华民族的共德和恒德，不仅是最基本的、最高的德目，而且是最普遍的德性标准，成为传统道德理念，成为中华民族道德精神的象征。至今我们仍称有德者为"仁人"，骂无德者为"不仁"，可见在中华文化中，"仁"是人之所以为人的根本特性。

"仁"不仅是中华传统美德的核心，而且成为中国人追求的最高道德境界，成为中国人的道德信仰和信念。"仁者爱人"的核心是爱护人、关心人、尊重人，把爱内化为人的内存德性，养成爱心。人人都以爱心善待他人、善待社会、善待自然，就能构成仁爱和谐的关系、仁爱和谐的社会。这不是无缘无故的爱，大而言之，这是对于人类一份子的本质要求；小而言之，这是人民利益根本一致基础上的爱。自古以来这就是人文精神的核心，渗透于各种人类进步文化之中；经过现代转换之后，又渗入各种现代文明，成为现代人文精神的基因。以"仁"为核心形成的古代人文情怀，经过现代改造，可以转化为现代人文精神，成为"以人为本"的精神资源。马克思主义把它表述为"人的全面发展"的理想，在中国，党和政府把它落实到"以人为本"的执政理念，明确为"为人民服务"的价值取向，"和谐社会"、"和谐世界"的价值目标，以及友善、助人为乐等道德德目。

人文精神的核心在于对人的价值、人格尊严的尊重，一方面要求千方百计改善和提高人的生活状态、生存意义和生命境界，另一方面要求构建高尚的人类价值体系以引导人如何做人。在皇权至上思想下所长期形成的封建社会的封建观念只重权力不重人，容易把人异化为驯服的工具；信奉金钱至上的资本主义社会则是只重金钱不重人，容易使人异化为物的附庸。要铲除这种人类不自爱的思想恶习可不是一朝一夕之功，在物质生产还不能充分满足人类需要的历史条件下，在人类还不能平等相待的历史条件下，重权不重人、重物不重人、重钱不重人的恶习总会时不时地露出头来。历史上有"造反派"抽出军用皮带把老师活活打死，或想尽最残酷的办法虐待尊长、凌辱老人；当下，自私冷漠、缺少爱心，似已成为当今的社会病，有人因没有谈好价钱，竟然见死不救，睁着眼看活泼泼的生命被洪水吞噬……这都是长期以来人文精神弱化的恶果。亡羊补牢，为时不晚，我们应当大力弘扬和培育人文精神，以"仁"为核心的现代人文精神应是现代道德的基本元素乃至首要元素。

义　可以含摄"节"与"勇"。可以表述为正义、道义、公义。"博爱之谓仁，行而宜之之谓义。""以仁育万物，以义正万民。""义"者"宜"也，是合宜、应该的意思。"仁"是"义"的基础，"义"是行"仁"之宜，是作为人应该依归的人间正道，应该遵循的最高法则。把"义"作为人的根本特点和基本价值取向，是中华道德精神的精蕴。"义"是为人立身处世的根本，是判断是非善恶的基本道德规范，也是良好社会风俗的准则和向导。在中华文化中，"义"与"仁"为中华传统美德中最核心、最基本的两德，是成就道德的最高依据，是对人生的终极目标和根本价值的思考与追求。就像民族英雄文天祥在慷慨就义时所留下的遗言："孔曰成仁，孟云取义。惟其义尽，所以仁至。读圣贤书，所学何事？而今而后，庶几无愧！"

"义"与"仁"并用为道德的代名词在汉语的语汇中大量使用，比如"仁义道德"、"仁至义尽"、"仁人义士"、"杀身成仁、舍生取义"、"假仁假义"……尽管时代在不断向前，"义"的内涵却一直活在中华儿女的心中口中，从没有过时，"义不容辞"、"义无反顾"、"见义勇为"、"大义凛然"、"大义灭亲"、"义正辞严"、"义诊"、"义演"、"义卖"、"义教"、"义学"、"义举"、"义工"、"义务"……"义"是人生的责任和奉献，是中国人崇尚的道德规范。

儒家文化强调"义利之辨"。《孟子》开篇便借梁惠王之口将"义"与"利"的关系进行明确的分辨；《大学》的结语，也强调"国不以利为利，以义为利也"。"义"与"利"关系的处理是关于人生观、价值观的核心问题，至今仍是道德的试金石。见利思义、以义制利、重义轻利，是重要的中华传统美德，在现代市场经济中更需要特别强调"义利之辨"。在人类历史的长河中，利益驱动不失为人类进步的动力或者杠杆，人类历史上太多的创造和发明都源于人们追求方便和快捷的心理以及创造更多财富以实现人生价值的快乐，过分绝对地批判"物质刺激"，不利于生产力发展。因此，在拨乱反正时强调一下物质利益、发财致富是可以理解的，但是不能长期、过分宣传发财理念和盲目刺激人们对物质的追求。在舆论导向上也要讲究生态平衡，要掌握好"度"，避免逐利思想过热。所谓"正其谊（义）不谋其利，明其道不计其功"，虽然单纯从字面上看显然太偏激，其实就像我们讲"大公无私"一样，这是一种强调，不充分强调"义"和"公"，就不足以抑制"利"和"私"的膨胀和消极作用。我们应当像强调先公后私、先人后己一样强调先义后利，以此来抑制见利背义、要利不要义、赚昧心钱、发害人财等道德沦丧之风。儒家伦理中在这方面有丰富的资源，我们要要加以开发利用，帮助人们正确对待物质欲望，正确树立人生价值观。

"节"也是与"义"相关的德目，大义凛然既是气节也是义，中华民族从来重气节，苏武牧羊的气节，文天祥的气节，已化入民族精神，"时穷节乃见，一一垂丹青"、"岁寒，然后知松柏之后凋也"，历来普受赞美。

孔子提倡的"三达德"中就有"勇"，同时把"勇"与"义"相联系，在给子路解释什么是"勇"的时候说"义以为上"。我们现在也还推崇"见义勇为"。关羽曾被封为"义勇武安侯"，经过《三国演义》的塑造，成为"义勇"的化身，他不仅义薄云天，而且勇武盖世：斩颜良，诛文丑，温酒斩华雄，过五关斩六将，传为美谈。我们这个时代更需要培育年轻人的义勇精神。

公 可以含摄"忠"与"廉"。《礼记·礼运》中记载了中华民族理想中的社会模式——"大道之行也，天下为公"。"天下为公"作为大同世界的最高理想，一直涵养着、鼓舞着中华民族不仅要立足于当下，亦且要将自己的视野投向历史和宇宙的更深处。为公之心，也历来为人所向往和赞赏。

"公"的含义很丰富：可与个人、"私家"相对，指公共、"公家"（国家、单位、集体）；可与"私心"相对，指人的"公心"；也可指社会和为人的公平、公正、公道等等。可与"忠"相合，指对一己之私的超越，尽己所能地实现更高的义务和更大的担当；可与"廉"相合，公正才有廉明，有公心必然会做到清正廉明。

"公"是中华民族的传统美德，对于我们来说，"为公"就是为祖国、为人民；"公心"就是把祖国和最广大人民群众的根本利益放在心中最重要的位置，发扬爱国主义、集体主义精神；"公事"是每个人对社会他人所要负担的自然的责任和义务，在其位谋其政、敬业奉献、培养严谨负责的职业道德也是"公"的应然之义，并由此升华出为人民服务的精神。有了这一核心德性就会生发出诸多美德，焕发出时代精神。

"公忠"可联用，确实，"忠"是尽己致公的责任。尽己致公、忠于国家、忠于人民，"忠"的合理内核应在"公"中。

"公"与"私"的关系，"义"与"利"的关系，同处于价值观的核心，是道德的试金石。习近平总书记在十八届中纪委第三次全会上强调说："作为党的干部，就是要讲大公无私、公私分明、先公后私、公而忘私，只有一心为公、事事出于公心，才能坦荡做人、谨慎用权，才能光明正大、堂堂正正。作风问题都与公私问题有联系，都与公款、公权有关系。公款姓公，一分一厘都不能乱花；公权为民，一丝一毫都不能私用。领导干部必须时刻清楚这一点，做到公私分明、克己奉公、严格自律。"

公心支配廉行。秉公用权、廉洁自守是为公的试金石，是担任公职者的道德基线也是底线。

要革除腐败，除了通过严格的制度法律约束外，还要提升官员的道德情操，创造良好的政治生态环境，建设公平、公正、公道的和谐社会。在这一背景下，提倡"公"成为常道，进入"新五常"，就尤为重要和必要。

"新五常"：基本诉求与内在理路

除了上述分而呈现的"诚、孝、仁、义、公"，"新五常"作为一个整体，还有着其统一的基本诉求与独特的内在理路。

　　我们提出"新五常"的设计，主要有着三个方面的基本诉求。其一，试图综合传统性，即试图从传统伦理德目中择取最具统摄性的若干范畴，而其他的范畴基本可以由此"新五常"推衍而出；同时对于相似的范畴，我们择取更具内在性的德目来含摄，如用"诚"来含摄"信"，用"孝"来含摄"悌"，用"仁"来含摄"爱"，用"义"来含摄"节"与"勇"，用"公"来含摄"忠"与"廉"。其二，试图结合时代性，着重针对当今社会的时代现状，抓住当今时代最为重要的伦理问题，如诚信丧失与无所敬畏，如城市化与家庭结构疏离，如急功近利与不可持续发展，如私人小利与社会不公平现象等，通过对时代问题的反思，促进对传统伦常的再提炼。其三，试图构建实操性，即本书试图给现代社会的公民提供一条切实可行的伦常提升的次第化实操性路径，不只是让读者知晓若干德目及其含义，更希望能够通过"新五常"的构建，为读者提供一套从自身做起、由小及大的具有实操性的心法，可以用来指导、修正、提升其行为。

　　当然，这一实操性的保障则是来自"新五常"的内在理路。当我们作为一个整体提出"新五常"时，非常明确地将其核心根基确定为最能代表中国人价值观与思维方式的一个概念：天人合一。而"新五常"的提出及其次序，也恰好对应为"天人合一"的不同展开阶段，此所谓"新五常"的内在理路，同时，这一理路也对应于个体之成长的不同阶段与次第。

　　首先，个体成长之起点处，当在由天命下贯而成的人性，同时，个体之所有道德伦常建设，从其终极意义上论，并不形成于其所处的各种社会结构，而是形成于其与天相对待的独一情境中，在此独一情境中，人通过努力复明其性，从而天人自通、性命自成，此乃人之成长的终极机理，一个"诚"字，便是在天人独一对待中的无蔽、无欺，从而因着无偏差的映照使人获得天所赋予的勃勃生机。而现实中往往不能成者，盖不诚也，故"新五常"首先提出一个"诚"字，为要让现代社会之人明晓性命发源与取得之法。此外，当代社会，城市化导致人口迁移规模巨大，市场经济导致家庭生活空间被严重挤压，加之西方自由思想、独生子女政策等的影响，个体自由被极大宣扬，因此，与传统相比，大多数人尤其是年轻人的生存状态不再是以家庭为主要单元，而是以个体为主要单元。为此，"新五常"之首字设立为"诚"。

其次，个体与天命相通，则可再言家庭，言夫妻、父子、兄弟，充分体悟天之生物不已，便可深明孝道之深远浑厚，故第二字言"孝"——任何个体都可言诚，同样，任何个体都有父母，故均可言孝，至于由孝生悌，也在蕴含之中。"孝"在中华传统道德中之重要地位毋需多言，却未列老五常，本应反拨；而当代社会之城市化、市场化等巨潮已使得中国传统家庭结构面临前所未有的冲击，其间出现之怪现状让人心痛以至心碎；再加上中华文化之区别于其他宗教文化之处，不能不着重一个"孝"字；故"新五常"特着重提出"孝"，作为从个体性命之"诚"进行扩展的紧随一步，既是中华文化最突出的特点所在，也是每个个体最自然的生命生长路径所循，既是理路的自然，又是现实的呼唤。

再次，"孝悌也者，其为仁之本欤！"明"孝"，便可继言"仁"。同时，"仁"也是对天地之生生大德的诚明发现。"诚"强调天人之独一对待，"孝"则进入家庭，从"仁"到"义"更进一步扩展，走出家庭，来到人群中。从历史上来说，"仁"、"义"之内涵极为丰富；甚至从某个角度而言，"仁"可作为所有道德之元德，可谓众德之本，"义"亦可扩展开去，历来对"仁"、"义"之解读亦可大可小。本书侧重天人合一之脉络，故对"仁"、"义"不作宏大之解释，而取其相对聚焦之涵义：侧重阐述"仁"之由"孝悌"推衍而出的"仁爱之心"，侧重阐述"义"作为"宜也"层面的"裁制合宜"，统而言之，"新五常"中的"仁"、"义"更多显明为个体由家庭走向人群后不得不面对的两大维度："仁爱"与"公义"。

天命由"诚"进入人性、进入家庭、进入人群，最终，是要在这个时代、这块土地上建立与天命相应的秩序与结构，即"大道之行也，天下为公。"故"新五常"以"诚"使人接天命，以"孝"、"仁"、"义"使人行天道，最终，以"公"作为天命的落实、发现与回归，构成一个螺旋而不封闭的圆环，一如生生不息、螺旋上升的 DNA。这也暗合了自古以来中国人的生命诉求，从诚意正心、修身齐家到治国平天下，从亲亲到仁民到爱物到参赞化育。此外，"新五常"也构成了对个人品德、家庭美德、职业道德、社会公德的完整描述。

与此同时，"新五常"正好与中宣部等部门主办的"全国道德模范评选表彰活动"所设立的五项德目不谋而合，"诚"对应"诚实守信"，"孝"对应"孝老爱亲"，"仁"对应"助人为乐"，"义"对应"见义勇为"，而"公"则涵摄"敬业奉献"。可以认为，全国道德模范的五项德目是"新五常"的呈现，而"新五常"恰可作为其内在的根脉，它们都是中华传统美德在新时代的创新绽放。

建设中华精神文明

精神文明建设是一项整体性的系统工程，仅仅就道德讲道德是远远不够的。美德是优秀文化的核心，优秀文化是美德的重要载体，美德依托优秀文化而传扬。因此，我们应当以文化涵养道德，以道德提升文化，在学校教育和整个国民教育中加大优秀文化的份量。

把"诚、孝、仁、义、公"作为"新五常"，辅以通俗易懂、喜闻乐见的格言、故事，克服大多数人对古文的畏难情绪，编撰出系列道德教育丛书，不仅在国民教育中推广，尤为重要的是纳入到各级、各阶段学校教学内容之中，逐步实现进教材、进课堂、进头脑。从上至下，从政府到民间，达成最大限度的文化共识，共同推进，切实将以"新五常"为核心的道德观念深入贯彻落实到全社会的精神文明建设中去。

以此，我们为每一常德从经典中精选 20 段格言并加简释，从古今的故事中精选 20 个略加演绎，汇成全帙百段格言、百篇故事，定名《诚孝仁义公——中华美德新五常》，冀其普及与推广。心虽拳拳，力有不逮，仁人义士，匡之扶之。

诚

诚信自古就是核心道德之一，是做人的根本，也是人类社会正常运行的道德基础。所以从古至今历代国家的管理者都十分重视诚信体系在社会中的作用。

远的不说，新世纪以来中央有关文件（直至十八大报告）讲到思想道德建设时屡次强调，要以诚信建设为重点。但成效如何呢？十六届六中全会的《决定》以来中央有关文件都特别点出，一些社会成员"诚信缺失"，特别强调要"加强政务诚信、商务诚信、社会诚信建设，增强全社会诚实守信意识"；十八大报告又加上"司法公信"。确实，此事关乎民族基本素质，关乎国家兴衰，再不能不重视了。

"诚"和"信"的含意有交叉，原来可以互训；现在可以联用，也可以分开用；在分开用时，两者的涵义各有侧重。从春秋战国开始就把"诚"看作"信"的内在基础，把"信"看作"诚"的外在表现。对别人讲信用就是"诚"的外在运用，离开"诚"就谈不上"信"。所以从根本上抓，应当重视抓"诚"，不能只重"信"而不重根本的"诚"。

　　"诚"是天道与人道的重要连接点。"诚者天之道也，诚之者人之道也。""诚"本身强调的是内心道德的真，真实无妄，真实不欺，真心实意，诚心诚意。既不自欺，也不欺人。"自诚明，谓之性；自明诚，谓之教。诚则明矣，明则诚矣。"

　　"诚"是一个本体，是德之实，"明"即是此德之外化而产生之作用与效果。"自诚明"是由此本体入手，然后这个本体之德自然照亮每个角落，即由"诚"到"明"；"自明诚"则是先经由学习或外力的推动，逐步明了本然真实的善，并实现善，所以叫"自明诚"，即由"明"之"诚"。前者源自于人的天然本性，所以叫做"性"；后者则是由渐次的学习，日积月累而逐步达到，所以叫做"教"。但两者既相辅相成又彼此包含。所以说能"诚"则"明"，能"明"则"诚"。人只有明了自己其实是有此本"性"，并能够充分地尽其性，也就是实现"明"，才能达到人之最高境界——圣人。所以《中庸》接着讲——

　　　唯天下至诚，为能尽其性。能尽其性，则能尽人之性；能尽人
　　之性，则能尽物之性；能尽物之性，则能赞天地之化育；可以赞天
　　地之化育，则可以与天地参矣！

　　"诚"的对立面是伪，伪妄；是假，虚假。所以，"诚"的命题是要解决真伪的问题，属诚伪观的范畴，是人生、人格的最基本问题。我们从来都是把"真善美"与"假恶丑"相对立，真、善、美从本质上说是统一的，真是基础，真的才可能是善的美的，真是最根本的。"诚"特别强调内在的真诚，对自己要真诚，真诚做人，一秉真诚，真心诚意地为善去恶，对得起"道德良心"。没有真诚的良知就无法深切感受荣辱。按儒家的说法，先"诚意、正心"，有这基础才能"修身、齐家、治国、平天下"。心意要诚，"心诚则灵"，所谓"精诚所致，金石为开"。

　　首先，有了"诚"，就会真诚地做人，就会有坚定的信仰。才会在人伦日用的每一天都感受到生活的快乐而克服内心中的忧惧和不安。"思诚者人之道也"，对人生信念与追求的笃信无疑是成就生命价值的前提。孔子的弟

子子路可以说是实现"诚"的榜样和楷模。

　　子路在孔子弟子中以生性伉直而著称，他待人真诚，丝毫无伪，对于自己做出的承诺决不食言。由于子路真诚守信，不但得到老师的肯定，也得到了他人的认可和尊重，因此在《论语》中，孔子称许他"无宿诺"、"片言可以折狱"。子路对待做出的承诺一定用最短的时间去践行，不会久拖不决，所以得到了他人的尊重和信赖。当有人将纠纷诉诸子路时，只听当事人一方的一面之辞子路就可以准确断案；而且只要子路给出结论，并不需要陈述理由就能使当事人双方都被他折服。这种威望靠的是他的忠信明决，诚实无欺。就连子路之死，也深刻表现了他的这一性格特点——

　　根据《史记·仲尼弟子列传》中的记载，卫国出公在位时期，与其父蒉聩之间发生了王位争夺战。蒉聩与大夫孔悝密谋夺位，出公逃亡鲁国，蒉聩继位为庄公。子路当时是孔悝的邑宰，听说了这个消息后立即赶往首都希望阻止孔悝作乱。在城门外他遇到了师弟子羔，子羔告诉他出公已出逃，城门已关闭，不必轻易涉险。此时他完全可以全身而退，保全自己，但子路坚守自己的为人准则，"食其食者不避其难"，毅然进入都城拜见蒉聩请求他杀掉乱国的孔悝。蒉聩不听，并命人围攻子路，子路临终前依然记得孔子对他的教诲——"君子死而冠不免"，从容不迫地系好被刺断的冠带，慷慨就义。

　　在这个悲壮的故事里，子路无疑是体现了《礼记·曲礼上》中所言"临难毋苟免"的儒者精神，他的这种担当源于对道义的信守。

　　信仰是自觉自愿的，不真诚就没有信仰，虔诚的信徒拳拳服膺不惜献出生命，他们的真诚令人感动。有信仰，自觉自愿为信仰而牺牲，才有崇高。文天祥和他的《正气歌》就表现了他自己和先贤成仁取义的至诚：

　　　　天地有正气，杂然赋流形。下则为河岳，上则为日星。于人曰浩然，沛乎塞苍冥。皇路当清夷，含和吐明庭。时穷节乃见，一一垂丹青。在齐太史简，在晋董狐笔。在秦张良椎，在汉苏武节。为严将军头，为嵇侍中血。为张睢阳齿，为颜常山舌。或为辽东帽，清操厉冰雪。或为出师表，鬼神泣壮烈。或为渡江楫，慷慨吞胡羯。或为击贼笏，逆竖头破裂。是气所磅礴，凛烈万古存。当其贯日月，生死安足论。地维赖以立，天柱赖以尊。三纲实系命，道义为之根。……

现在有些人要消解崇高、嘲笑信仰，他们就不相信天下还有真诚，所谓除了妈是真的，其他什么都可以是假的，所以都可以"忽悠"。他们缺少诚的基本品格，所以才会昧着良心做人，昧着良心做事。最可怕的就是缺失这种做人的真诚、做人的起码人格，缺失认认真真做人的基本态度。商家造假、学术造假、考试作弊、足协的黑哨都是不诚信的表现，出现这些现象的重要原因就是为利背诚。

做人，站牢了"诚"的根基，就可以提高心灵的境界，就容易对人做到真实不欺，讲信用、守诺言，杜绝损人利己、坑蒙拐骗。讲诚信的人才是真正的聪明人，"狼来了"的故事说明"不诚"是取败之道。

其次，有了"诚"，就容易对事业、对工作诚敬，自然会对质量一丝不苟。产品是人格的物化，产品质量反映人的素质，一个不讲究质量的民族是缺少诚敬的民族，假冒伪劣成风，从业人的品格也就败坏了。

再次，有了"诚"，对学习就容易诚心，"反身而诚"，"行有不得者，皆反求诸己"。学习做人的道理，学习中华传统核心美德，不是停留在口头上、表面上，不是做文章装点门面，不是走过场应付差事，而是要内化到心里去，深入到灵魂里去，扎根在主体的内在信仰之上，落实于主体的内在德性之中。要从生命的内在本性和内在本质出发，在生命的终极价值和终极关怀上下功夫，这样入脑入心才能真正化为自己的品性。通过学习的道德理性进行自省、自律，诚心诚意地进行修养，同时，用以指导自己的思想行为，学一点就躬行一点，落实到行动上。这样才能自省，才能做到"慎独"、"暗室不亏心"。如本书所举杨震辞金的故事、秉诚顶住"潜规则"的包拯、海瑞的故事。

党中央针对当下社会提出的诚信建设，做了全面的部署，办法已讲了很多，在此补充几点：

首先，要端正干部的学风。干部是决定因素，中央印发的《2006——2010年全国干部教育培训规划》重新强调了"在改造客观世界的同时改造主观世界……加强道德品质修养……坚持言行一致、知行统一，反对弄虚作假，表里不一"。这是切中肯綮的。希望各种培训在学风上带头有个大进步，在"诚"字上狠下功夫，有诚心才能修身，才能进而齐家、治国、平天下。现在社会上有一股风，津津乐道如何弄权术、耍手腕，有个名人就讲过"不说假话办不成大事"；书摊上介绍名人的"谋略"、"智慧"、"权术"的书一套一套层出不穷，教人如何使诈骗人，如何见风使舵，如何不择手段，却美其名曰"领导艺术"；这显然与"诚"背道而驰。国家干部、政治人物尤重真诚，只有真诚才能取信于民，上下一心。我们当然要讲智慧谋略，但要以诚为底色，以对人民、对祖国、对信仰的真诚无妄为根本，各级各类干部只有真诚才有公信力，才能取信于民，才能带领公众共建诚信的社会。千万不要本末倒置，把"聪明"用于要权术欺上瞒下。弄权术可以耍弄人于一时，但最终会被人民和历史所识破。

其次，加快诚信体系的建设。贯彻国务院《社会信用体系建设规划纲要》，一要全面推进包括政务诚信、商务诚信、社会诚信等在内的社会信用体系建设。政府要以身作则，带头推进政务公开，依法公开在行政管理中掌握的信用信息，提高决策透明度，以政务诚信示范引领全社会诚信建设。二要加强基础建设。制定全国统一的信用信息采集和分类管理标准，推动地方、行业信用信息系统建设及互联互通，逐步消除"信息孤岛"，构建信息共享机制，在保护涉及公共安全、商业秘密、个人隐私等信用信息的基础上，依法使各类社会主体的信用状况透明、可核查，让失信行为无处藏身。三要用好社会力量。企业要把诚信经营作为安身立命之本，切实做到重合同、守信用。发挥行业组织自律和市场机制作用，培育和规范信用服务市场，形成全社会共同参与、推进信用体系建设的合力。四要加快推动立法。把健全相关法律法规和标准体系作为重要基础性工作，列入立法规划尽快推进实施，使信用体系建设有法可依。要完善奖惩制度，全方位提高失信成本，让守信者处处受益、失信者寸步难行，"诚网恢恢疏而不漏"，使不讲诚信者不敢冒天下之大不韪。

再次，充分运用优秀的人生哲学遗产资源。仅就道德抓道德是不够的，道德必须以文化作支撑，以文化来涵养。《国家"十一五"时期文化发展规划纲要》第三十条写明要"重视中华优秀传统文化教育"，"在中学语文课程中适当增加传统经典范文、诗词的比重，中小学各学科课程都要结合学科特点融入中华优秀传统文化内容"等。传统文化是伦理型文化，人生哲学非常丰富，包括立诚做人的道理，而这恰恰是现代人所迫切需要的。这些年，报刊特别喜欢人生感悟类的文章，电视等传媒亦然，这些都反映了群众寻求人生真谛的精神需要，我们要大力挖掘和运用优秀的人生哲学遗产，满足人民的精神需求。

第四届全国道德模范颁奖典礼献诚实守信模范（诚）致敬辞

诚实守信，人间正道。或秉持良知，童叟无欺；或践行承诺，终身不渝；或履约守信，欠债还钱。这老老实实的一日日、一年年，是善的选择，是善的坚守，无愧于心，无愧于天，是我们民族的文化底色，是中国人深厚的精神积淀。有了这大哉诚信，我们就有了参赞天地化育的资格，就可以迈出坚实脚步，沿着中华圆梦的幸福路，奔向成功彼岸！

格言

言行，君子之枢机，枢机之发，荣辱之主也。——《易经·系辞上》

【简释】言行，是君子立身处世的关键。言行一旦发出，就成了事情成败、人身荣辱的主宰。

信言不美，美言不信。善者不辩，辩者不善。——《老子》

【简释】真实可信的言辞不华丽，华丽的言辞是不真实可信的；好人的嘴不巧，有巧嘴的人不是好人。

人而无信，不知其可也。——《论语·为政》

【简释】人不讲信用，不知他能做成什么事情。

与朋友交，言而有信。——《论语·学而》

【简释】与朋友交往，说话要诚实守信。

曾子曰："吾日三省吾身：为人谋而不忠乎？与朋友交而不信乎？传不习乎？"——《论语·学而》

【简释】曾子说："我每天总是再三反省自己：给人家办事尽心尽力了吗？与朋友交往不讲信用了吗？老师传授的学业是不是复习了？"

能信不为人下。——《左传·昭公元年》

【简释】能坚持守信用并不是屈居人下。

诚者，天之道也；思诚者，人之道也。——《孟子·离娄上》

【简释】真实而无伪，是天道之理的本然；在心中体现这种真实无伪，是为人处世的根本。

唯天下至诚，为能尽其性；能尽其性，则能尽人之性；能尽人之性，则能尽物之性；能尽物之性，则可以赞天地之化育；可以赞天地之化育，则可以与天地参矣。——《中庸》

【简释】只有天下至诚的圣人，能够充分发挥自己的善良本性；能够充分发挥自己的善良本性，就能充分发挥他人的善良本性；能够充分发挥他人的善良本性，就能够充分发挥万物的本性；能够充分发挥万物的本性，就可以辅助天地化育万物；可以辅助天地化育万物，就能同天地并列为三才了。

唯天下之至诚为能化。——《中庸》

【简释】只有天下最真诚的心才能感化人。

弃信背邻，患孰恤之。无信患作，失援必毙。——《左传·僖公十四年》

【简释】丧失信用，背弃邻国，遇到祸患有谁还来同情你。失去了信用，一旦祸患发生，没有人来支援你，就必定要灭亡。

君子之言，信而有征，故怨远于其身。小人之言，僭而无征，故怨咎及之。——《左传·昭公八年》

【简释】君子说的话，既真实又能够经得起验证，所以各种怨恨不满就会远离他。小人说的话，非但虚假而且经不起验证，所以怨恨不满就会缠着他。

君子养心，莫善于诚。——《荀子·不苟》

【简释】培养个人的品德，最主要的是个人的真实无虚。

庸言必信之，庸行必慎之。——《荀子·不苟》

【简释】日常的言论一定要守信用，日常的行为一定要谨慎。

诚无垢，思无辱。——西汉·刘向《说苑·敬慎》

【简释】为人真实无虚就会免受他人诟病，办事善于思考，就不会遭到他人羞辱。

非诚心款契，不足以结师友。——东晋·葛洪《抱朴子·内篇》

【简释】不是真诚地相合交心，不配结成师友。

以信接人，天下信之；不以信接人，妻子疑之。——西晋·杨泉《物理论》

【简释】诚心诚意地对待别人，全天下的人都会信任你；不诚心诚意地对待别人，就算是自己的妻子儿女也会怀疑你。

君子所以感人者，其惟诚乎！欺人者，不旋踵人必知之；感人者，益久而人益信之。——北宋·司马光《温国文正司马公文集》卷七十四

【简释】君子感召别人的地方，就在于他的诚恳真实啊。欺骗别人的人，一定很快就会被察觉；而能感动别人的人，和他相处得越久，别人就越相信他。

思诚为修身之本，而明善又为思诚之本。——南宋·朱熹《四书集注·孟子集注》

【简释】以真诚为准则是自我修养的关键，弄清楚哪些是好的言行举动，又是坚持真诚的根本。

意诚而后心正，心正而后身修，身修而后家齐，家齐而后国治，国治而后天下平。——《大学》

【简释】意念真诚后，心思才能端正；心思端正后，才能修养品性；品性修养后，才能管理好家庭和家族；管理好家庭和家族后，才能治理好国家；治理好国家后，天下才能太平。

所谓诚其意者，毋自欺也。如恶恶臭，如好好色，此之谓自谦。故君子必慎其独也。——《大学》

【简释】所谓使意念真诚，是说不要自己欺骗自己。就像厌恶恶臭的气味一样，要像喜爱美色一样，一切都发自内心的真实，这样才能使自己心满意足。所以，君子哪怕是在一个人独处独知的时候，也一定要戒慎。

故事

季札挂剑履心诺

季札，春秋时期吴国人，是吴国国君寿梦的第四个儿子，因他受封于延陵（今江苏常州），故被称为"延陵季子"。季札在兄弟中品行最为优秀，所以父亲想传王位给他；三个哥哥都清楚自己的才德不如这个小弟，也都愿意由季札来继位。但是，季札对王位一点兴趣也没有，他喜欢的是仗剑出游、广交朋友的生活。最后，他没有继承王位，只是接受了父王的一把佩剑。

这把佩剑可不是一般的剑，剑鞘精美大方，上面雕刻着蛟龙戏珠的图案，镶嵌着上等宝石，显得格外精致；长长的剑身，是用上好的沉铁精制而成，剑锋犀利，经过磨砺后雪白如银，在阳光的照耀下寒光闪闪。季札对它爱不释手，白天总是握在手里，或是挂在腰间；夜里则同枕共眠，不离身侧。

一次，季札遵照国君的旨意出使各诸侯国。他中途经过徐国，受到徐国国君的热情款待。徐国国君是一个胸怀坦荡、脾性直爽的人，对季札的为人心存敬佩。两人意气相投，谈古论今，十分投机，相见恨晚。

几天后，季札要离开徐国继续远足前往晋国，徐君设宴为季札饯行。宴席上不但有美酒佳肴，而且还有优雅动听的音乐助兴，这一切令季札十分陶醉。饮酒正酣，季札起身，抽出佩剑，一边唱歌一边舞剑，表示对徐君盛情款待的感谢。

那把剑挥动起来有如白虹飞舞，上下翻飞，只见寒光不见人。徐君目光灼灼地盯视着，禁不住击节，连声地称赞："好剑！好剑！"

季札看得出徐国国君非常喜欢这把宝剑，便想将这把剑送给徐国国君作纪念。可是，这是出使前父王赐给他的，是他作为吴国使节的一个信物，他到各诸侯国去必须带着它，以证明身份的，才能被接待。

现在自己的使命还没有完成，怎么能把剑送给别人呢？徐君心里明白季札的难处，尽管十分喜欢这把宝剑，但他不会做夺人所爱的事，所以始终没有说出，以免让季札为难。

临分手的时候，徐国国君又送给季札许多礼物作为纪念，季札对徐国国君的体谅非常感激，于是在心里许下诺言：等我出使列国归来，一定要将这把宝剑赠送给徐国国君。

几个月后，季札完成使命，踏上归途。一到徐国，他顾不得旅途的劳累，直接去找徐国国君。然而，出乎意料的是，徐国国君不久前暴病身亡。

季札怀着沉痛的心情来徐国国君的墓前，三行大礼之后，对着国君的墓说："徐君，我来晚了，我知道你喜欢这把宝剑，现在我的任务完成了，可以将这把佩剑奉还给您啦！"说完，双手敬到墓前，然后郑重地把剑挂到了墓前的松树上。

伴随在旁的侍从不解地问："大人，这是吴国之宝，怎么能够送人呢？再说，徐国国君已经去世了，你把剑送给他，他也看不到，你这么做又有什么用？"

季札把目光投向苍茫的天空，肃然地说："我想徐君在天之灵，是可以看到的！这把剑原先是吴国之宝，但在离开徐国的时候，我在心里许下诺言，要将这把剑送给徐君。从那时起，它就已经不属于我了。这段时间以来，我只不过是借用。我若不履行诺言，那就是欺心，就违反了做人的根本。因此，现在我只是将剑还给徐君而已。"

季札对着徐君的坟墓再次叩首，这才离去。那把宝剑就由随着他来谒墓的人转交到了徐君家人的手中。

曾参杀猪示妻子

曾子，又叫曾参，春秋时期鲁国人，是孔子的弟子。曾子深受孔子的教导影响，不但学问高，而且为人非常诚实，从不欺骗别人，甚至是对于自己的孩子也是说到做到。

有一天，曾子的妻子要去赶集，孩子哭着叫着要和母亲一块儿去。于是母亲骗他说："乖孩子，待在家里等娘，娘赶集回来给你杀猪吃。"孩子信以为真，一边欢天喜地地跑回家，一边喊着："有肉吃了，有肉吃了。"

孩子一整天都待在家里等妈妈回来，村子里的小伙伴来找他玩，他都拒绝了。他靠在墙根下一边晒太阳一边想像着猪肉的味道，心里别提多高兴了。

傍晚，孩子远远地看见了妈妈回来了，他一边三步作两步的跑上前去迎接，一边喊着："娘，娘快杀猪，快杀猪啊，我都快要馋死了。"

曾子的妻子说："一头猪顶咱家两三个月的口粮呢，怎么能随随便便就杀猪呢？"

孩子"哇"的一声就哭了。

曾子闻声而来，知道了事情的真相以后，二话没说。转身就回到屋子里。

过一会儿，他举着菜刀出来了，曾子的妻子吓坏了，因为曾子一向对孩子非常严厉，以为他要教训孩子，连忙把孩子搂在怀里。

哪知，曾子却径直奔向猪圈。

妻子不解地问："你举着菜刀跑到猪圈里干啥？"

曾子毫不思索地回答："杀猪。"

妻子听了扑哧一声笑了："不过年不过节杀什么猪呢？"

曾子严肃地说："你不是答应过孩子要杀猪给他吃吗？既然答应了就应该做到。"

妻子说："我只不过是骗骗孩子，和小孩子说话何必当真呢？"

曾子说："对孩子就更应该说到做到了，不然，这不是明摆着让孩子学着家长撒谎吗？大人都说话不算话，以后有什么资格教育孩子呢？作父母的在小孩面前是不能撒谎的。他们年幼无知，经常从父母那里学习知识，听取教诲。如果我们现在说一些欺骗他的话，等于是教他今后去欺骗别人。虽然你能一时哄得过孩子，但是过后他知道受了骗，就不会再相信妈妈的话了。这样一来，就很难再教育好孩子了。"

曾子的妻子觉得丈夫的话很有道理，惭愧地低下了头。于是，心悦诚服地帮助曾子杀猪去毛、剔骨切肉。没过多久，曾子的妻子就为儿子做好了一顿丰盛的晚餐。

第二天，夫妻俩宴请了四邻，并且告诉乡亲们教育孩子要以身作则，言而有信，诚实无诈，身教重于言教。

曾子杀猪的故事一直流传至今，他的人品一直为后代人所尊敬。曾子用言行告诉一切做父母的人，都应该像曾子夫妇那样讲究诚信，用自己的行动做表率，去影响自己的子女和整个社会。

不负山野人之约

战国时候，魏国第一个国君是魏文侯，在位执政 49 年。由于他处处诚信待人，言出必诺，并表现得非常虔诚，所以不论当官的，还是普通百姓，都敬重他，魏国迅速强大起来。

大将乐羊攻打中山国，尽占其地，魏文侯把这些领地封给自己的儿子魏击。他得意地问群臣："我是什么样的君主？"

大家异口同声说："您是仁德君主！"

只有任座不肯阿谀，直言说："国君您得了中山国，不用来封给有功之臣，却封给自己的儿子，这算什么仁德君主！"

魏文侯闻听此话，勃然大怒，任座拂袖愤然离去。

魏文侯又问翟璜，翟璜回答说："您是仁德君主。"

魏文侯问："何以见得？"

翟璜说："臣下听说，国君仁德，他的臣子就敢直言。刚才任座的话很耿直，于是我知道您是仁德君主。"

一席话，说得魏文侯有所领悟，他转怒为喜，立刻派翟璜去迎任座回来，并亲自迎下殿堂，奉为上宾。

魏文侯不仅对自己的臣子忠诚守信，就是对一般百姓也是言出必诺。

有一次，他和管理山林的人约好第二天下午去山林打猎。

到了次日，下朝后举行了酒宴与群臣同乐，菜香酒醇，鼓乐喧天，君臣喝得意酣情浓，神采飞扬。魏文侯准备宴会一结束就去打猎。

可谁知宴会还没结束后，外面风雨大作，天忽然下起了瓢泼大雨，雨不见停反而越下越大了，见此情景，魏文侯放下手中的玉爵，起身招呼侍臣备车。

左右群臣对国君的突然决定感到奇怪，不解地问："我们君臣饮酒正在兴头上，外面又下着大雨，国君打算到哪里去呢？"

魏文侯挥挥手，说："我要到郊外山野去。"

大家都疑惑地你瞅瞅我，我望望你，谁也不知道国君究竟要干什么。

魏文侯怕扫了群臣的兴头，于是又耐心解释说："对不起，我要告辞了，赶快准备车马，我要到效外去。因为我已与管理山林的人约好今天去打猎，虽然这里很快乐，也不能不遵守那边的会面约定。那里的人肯定在等我了！"

众臣一见国君要冒雨出门，都上前去劝阻。这个说："天下这么大的雨，怎能出门呢？"那个说："您去了也无法打猎。"魏文侯看看天色说："是啊！

打猎是打不成了，可是我怎么也得告诉那位管理山林的人啊。"

众臣中有一个自告奋勇的人说："那好，我马上去。"

魏文侯把手一摆，说："慢，要告诉也得我自己去。"那个人眨着眼睛仿佛没有听懂似的。魏文侯说："这事是我亲自跟人家约定的，如今失约，我要亲自向人家道歉才行。"说完大步跨出门外，顶着大雨朝着管林人的住处走去了。

众大臣在背后都议论说魏文侯太傻，随便叫一个随从去就可以了，何必自己亲自去呢？

猜测国君一定不会来的管理山林的人见到魏文侯冒雨赶来，很受感动，高兴地称赞："大王，真信人也！"接着又说："对人以诚信，人不欺我；对事以诚信，事无不成矣！"

这个故事告诉我们做人要讲诚信，如果一个人不讲诚信的话，那他就不会让人喜欢；如果你很讲诚信的话，你和别人干什么别人都会愿意，所以我们要向文中的魏文侯一样要讲诚信。

商鞅的立木为信

商鞅，战国时期卫国人，姓公孙，名鞅，后在秦国受封领地"商"，就称他为商鞅，也叫卫鞅。他是中国古代著名的社会改革家、政治家、思想家，著名法家代表人物。

商鞅在秦孝公的支持下，制定了鼓励耕战的新法令。商鞅所制定的法令条文，对惩罚和奖励规定得都是很明确、但也是很严格的。他认为要人们遵守法令，就必须先相信法令。他说："对人的行为怀疑就谈不上名义，对事情怀疑就谈不上取得成就。"

他怕老百姓不相信新法能真正实行，所以，在新法令制定好之后，没立即向老百姓公布，而首先取信于老百姓，要老百姓相信他商鞅说的话是算数的，所制定的新法令是要按章办事的，说到做到。可是要树立变法的信实感，应该怎么办呢？

一天，商鞅命人在京城南门竖了一根三丈长的木头，公布告示，招募百姓把木杆搬走。公布告示上写道：

能将这根木头扛到北门去，赏黄金十两！

围观的人不相信如此轻而易举的事能得到如此高的赏赐，结果谁也不敢搬。过几天还没有人搬。商鞅见状，于是便派人又张贴出一张告示：

谁能将此木搬到北门的，奖赏黄金五十两！

重赏之下必有勇夫。一会儿，终于有一个人走出来抱着试试看的态度，把木杆从南门扛到北门。那人到达北门，商鞅立即叫人拿来五十两黄金赏给了那人。这件事在老百姓中间传开了，大家都相信商鞅说话算数，而不是哄骗人的。商鞅取得了老百姓的初步信任。事过不久，商鞅在全国公布了新法令。

新法实施以后，多数人能按法令规定办事，但也有少数人不守法令。商鞅对这些人不迁就，一律按法令办事。

开始太子带头违法，商鞅在不便直接处罚太子的情况下，严厉地惩罚了太子的两位老师。这下，谁也不敢违法了，于是秦国社会秩序大治，出现了道不拾遗、山无盗贼、家给人足的局面，为秦国后来的强大奠下了基础。

"立木取信"，一诺千金，变法成功。秦国在商鞅变法中日渐强大，终于统一了中国！

郭伋诺言不失信

郭伋，字细侯，是东汉扶风茂陵（今陕西省兴平县东北）人，生活在新朝末期、东汉初期，做官能为百姓谋取福祉，官至大司空、太中大夫。他一贯注重恩德，在当时声誉很好，尤其是他"以信服寇"的故事被人们传为佳话。

郭伋曾在颖川（今河南禹州一带）任郡守。那里的土匪流寇十分猖獗，但因为山道险阻，情势错综复杂，所以剿匪艰难。郭伋到任后，决定乔装入山，探察匪情。郡里的官吏知道这个消息后，都被吓坏了，劝他不要这样深入险地，匪寇凶顽，恐怕难保性命。他对劝者戏谑说："我正想看看匪寇到底凶成什么样子，有没有郭大侠厉害！"于是换上褴褛的衣服，毅然入了山。

他闯进了怀山中的匪巢，扮成流民表示也要当土匪。他的身躯伟岸，肌肤比较粗糙黝黑，加上又颇懂拳脚工夫，匪首赵宏、召吴很快就赏识他，甚至要与他称兄道弟。通过一些日子的接触，郭伋了解到山里这几百个土匪大多是穷苦农民，在混乱的社会中无处安身，才被逼打家劫舍的。他与匪众们混熟了，就以仁德信义说服他们投降官府，返乡务农。农家子弟并非生来就是土匪，谁不想过安稳的日子而要刀口舔血呢？

郭伋眼看时机成熟了，这才向匪首赵宏、召吴袒露了自己的真实身份，保证他们回乡后可以安心种地。尽管已经很佩服郭伋的义气，但赵宏并不敢相信他的话，还担忧会被治罪。郭伋大笑着说："只要归乡务农的人，本官保证既往不咎！我是一郡的太守，这点事还做不到么？这样吧，如果我说话不算话，你们再回到山里来，怎么样？"

郭伋从匪巢中全身而退，回到郡衙时，所有的官吏无不瞠目结舌。他立即命令属下到县乡安排、落实归乡流民安置的事宜，凡发现地主豪绅逼迫残害乡民的，轻则罚金，重则杖责，使为恶县、乡的势力顿时惊悚，大为收敛。赵宏、召吴终于相信郭伋言而有信，于是带着部众风卷似的下山归乡了。后来，周边的匪寇听闻此事，都很敬仰郭伋的义气和为人，纷纷从幽州、冀州、江南等地不远千里来投降自首，路途之上络绎不绝。

郭伋将遣还土匪的事情上疏禀报皇帝，光武帝认为他做得对，不但没有怪罪，还称赏他是"贤能太守"。

过了几年，郭伋被调任并州牧。当地百姓听说郭伋重新又到并州做官，那真是打心眼里欢喜，奔走相告。

这年秋天，按例又当行至各地州县巡查吏治情况，郭伋带着几名随从骑马赶往西河郡美稷县（在今内蒙古准格尔旗纳林镇北）。一行人走到郡城郊外，突然远远望见有几百个小孩骑着竹马，嬉戏而来，及至近旁，小孩列队相迎，稽首跪拜。

郭伋不知情，就问："小朋友，你们这是在干什么呀？"

领头的孩子说："听说使君来到，我们很高兴，所以特来来欢迎您呀！。"郭伋闻言赶忙下马，很礼貌地说："谢谢你们！"

孩子们问："使君哪一天能回来？"郭伋很认真地叫别驾从事官计算日程，然后告诉孩子们。孩子们七嘴八舌地说："我们等着使君回来！"

这次巡查进行得很顺利，回来时比预计的时间提前了一天。郭伋惦记着与孩子们的约定，为了不失信于孩子们，郭伋便决定暂不入城，与随从们在县城外一个亭子露宿歇息一晚，等到第二天才入城……

那时正值寒秋，夜里甚冷，山野霜寒露重，郭伋便叫随从生起篝火围坐取暖。别驾很不解地问："大人，为小孩子的一句话，就在这里熬夜受冷，值得吗？"郭伋非常严肃地说："这可不是一句话，而是信用问题。君子一诺千金，怎能言而无信！"

他们一直等到第二天中午，几百个孩子又骑着竹马兴高采烈地跑来，远远地就欢呼叫喊："使君大人！""郭爷爷——"

后来，郭伋以太守之尊而守信于孩子夜宿山野小亭的事传到了皇宫里。许多大臣都很不以为然，有的人甚至讥讽郭伋追逐虚名，光武帝却高度赞赏郭伋的所为，说："他这人真是信之至矣！"

郭伋重义守信的故事也世代流传。

阎敞诚信无私心

东汉时期，有一对好朋友，一个叫阎敞，一个叫第五常。两人来往密切，交情深厚。特别是阎敞，人品端正，诚信无私，深得第五常的敬重。

一天，第五常来到阎敞家中，说道："阎兄，小弟奉命调京城供职，路途遥远，且限日到京，行程匆促，钱物携带很不方便，我想将一百三十万贯钱先寄放在兄长这里，以后再来取。您看行不行？"

阎敞满口答应，说道："这有什么不可以的，我一定代贤弟妥善保管。你什么时候来取都行。"

于是，第五常就把一百三十万贯钱送到了阎敞家中，阎敞当面把钱封存好。

第五常起程赴京那天，阎敞十里相送，送了一程又一程。第五常再三劝说留步，两人方依依惜别。

临别时，第五常还说："那笔钱阎兄如果需要用，您尽管用就是了。"

第五常到京后不久，京城突然爆发了一场瘟疫。

第五常一家不幸染上此症，先后死去，只留下了他的一个小孙子。第五常在临终前颤抖地拉着小孙子的手，断断续续地说：

"你如果……能够……活下来，年纪……这么小，怎么……生活啊？我有……三十万……贯钱，寄放在……家乡……你……阎敞爷爷……家中，你可以……取来……维持……生计……"

十几年过去了，第五常的小孙子长大了，这才返回故里。为了安置家业，他想去找阎敞爷爷取回爷爷存放的钱，但心里总觉得不踏实——这口说无凭，手中没有任何证据，这么多年过去了，能拿得到这笔钱吗？

那一天，阎敞正在书房里读书，忽然家人进来说，有一位青年公子求见。

阎敞来到客厅一看，觉得似曾相识，又实在想不起是在什么地方见过、是不是真的见过。

那青年拜见了阎敞，说起爷爷第五常，阎敞才知道他原来是第五常贤弟的孙子。

阎敞闻听第五常贤弟一家的不幸，回想起过去两个人的友情，百感交集，为朋友哀伤。

第五常的孙子还没有启齿问钱的事，阎敞就说了："你的生计暂时不用发愁，你爷爷有一百三十万贯钱寄放在我这里，你现在可以拿去用。"

第五常的孙子一听，着实吃了一惊——爷爷说的是三十万，不是一百三十万呀！

于是，他将爷爷临终前的话说了一遍，问阎敞爷爷说："您老人家是不是搞错了？没有那么多，只有三十万。"

阎敞忙说："没有错，没有错！孩子，我估摸是你爷爷在重病之际，头脑兴许不清醒，把话说错了。"说着，忙到储藏室将第五常当年寄放的一百三十万贯钱搬了出来，亲手交给了第五常的孙子。

第五常的孙子接过钱来，含泪告辞。

回家的路上，第五常的孙子一直在想："阎敞爷爷不愧是我爷爷的好朋友，难怪爷爷这样信任他！这真是钱财有数，诚信无价啊！"

守信义不忘重托

东汉的时候，河南南阳有两个人，一个叫朱晖，一个叫张堪。张堪很早就知道朱晖十分讲诚信，所以对他十分仰慕，但是两个人原来并不认识。

后来，有一次，两人偶然在太学里结识，有机会做了同学，因而才熟悉起来，真所谓是相见恨晚。虽然是老乡，但当时来往并不是很密切，也不是酒肉朋友，也不常一起游玩。

两个人学业有成，要分手各回各家去的时候，张堪突然对朱晖讲："我身体不好，今天我们俩的缘分到了，马上要各自回自己的家，但我有一事相托。"

当时朱晖听得摸不着头脑，愣愣地看着张堪问："你要托我做什么呢？"

张堪就说："我得了绝症，恐难久于人世，我死之后，请你务必多多关照我的妻子和儿女。"

当时他们身体都很好，朱晖也没把张堪说的话当回事，也没有做出什么承诺，只是安慰他，要他好好养病，就说："你就放心吧！你不会有事的。"

但是他俩分手以后，过了几年，张堪一命呜呼，果然英年早逝了，丢下的妻子和儿子艰难地生活。这个消息传到了朱晖的耳边。朱晖听到了以后，便亲自前去探望，从此不断地给张堪的家里很多物质上的资助，每年派人给他妻子送去谷50斛、布5匹。就这样年复一年的去关心他们，对他们关怀备至。

朱晖的儿子对父亲的行为非常不理解。有一天，他就问爸爸："您过去和张堪并不是深交，怎么对他的家人能如此关心呢？"

朱晖回答他的儿子说："是的，过去我和张堪不是很深交的同学，来往也不是很密切，但是张堪在生前曾经将他的妻儿托付给我。他为什么托付给我，而不托付给别人呢？因为他信得过我。我怎么能够辜负这份信任呢？当时虽然没有说什么，其实我心里已经答应了，所以我要守信用，履行我对张堪的诺言。"

从此，朱晖为朋友守信义的佳话也就在南阳传开了。这便是中国历史上很有名的令人感动的典故——"情同朱张"的来历。

陈国教子不昧金

两个十来岁的孩子在湖边垂钓。

名叫陈爵的孩子惊奇地说："陈挺，你快来看，那是什么东西？"陈挺连忙跑了过来，只见湖边清澈的水中有个黄色的器皿。两人使出吃奶的力气往外拔，器皿是拔出来了，他俩却都后仰摔进了水中。

过了好一会儿，他俩把那只又滑又重的器皿抬到岸上。陈爵起先以为是一个铜樽，可是将它洗净后，器皿发出黄灿灿的光芒。两人都吃惊得呆住了：那是黄金做成的！

这时，被搅浑的湖水又变得清澈了，陈爵在发现金樽处的周围搜索，看见水中有许多像铜钱似的小东西，不晓得有多少个。他捞起一个洗掉污泥一看，原来是金币！

他俩都想不明白：这个湖里怎么会有这样多的金器呢？

这是发生在东汉明帝永平一一年（68 年）的事。这个湖在庐江郡（今安徽安庆一带）边境。原来这里过去有一个小小的皖侯国，陈爵的父亲陈国就曾是皖侯国的官员。皖侯国在战乱中灭亡了，归属了汉朝，陈国就隐居在陈家村。

陈爵与邻居家孩子陈挺到湖边钓鱼，没想到竟然发现了这么多金器。他俩连钓竿也忘了拿了，每人抓着两把金币就飞跑回村里。陈爵满头大汗、气喘吁吁的，把事情的经过告诉了父亲，陈国一听，惊得说不出话来。

陈国字君贤，在皖侯国为臣时忠心耿耿，国家灭亡后他心灰意冷。这些年来，他一直为下落不明的皖侯难过，现在看来，皖侯必然是自沉在大湖里了，随带的金器才会出现在湖中。他声音颤抖地对儿子说："这些都是皖侯国的金币啊！走，你带我去看看！"

父子俩奔到湖边。只见那里已经来了不少百姓，是听到陈挺的话后跑来的，人们在争着趟进水里捡金币，抢夺着那个金樽。陈国大声说："乡亲们，不要抢！这都是皖侯国的东西，也就属于汉朝，是国家的财富！"

陈君贤平素为人诚挚、助人为乐，在村里享有很高的威信，大家都听他的。

大家把金器聚拢起来，除了那个金樽还有金盘等器皿，其中光是金币就有十多斤。

一下子捞到这么多金子该怎么办呢？陈君贤先把儿子陈爵叫到跟前，问道："儿子，你可知道这湖是公家的还是咱自家的？"

儿子说："那还用问吗，当然是公家的！"陈君贤接着又问："既然湖是公家的，那么，在湖里捞到的金子是应该交给官府呢，还是应该自家藏起来呢？"

陈爵想了一下，很懂事地说："不应该自家藏起来，应该交给官府！"

陈君贤高兴地说："你真懂事，真是我的好儿子！做人就应该诚诚实实的，再好、再贵重的东西，是自家的就是自家的，不是自家的就不能要。咱可不能为了这些黄金而做昧心事，忘掉了比黄金还重要的做人的道理！"

接着，陈君贤又说服了陈挺及其家人和各位乡邻，把从湖里捞出来的黄金全部交给了当地的官府。当地官府又把这件事报告了上级官府。最后连汉明帝都知道了。汉明帝问明陈君贤和陈家村村民拾金不昧的事迹后，非常高兴，特别下了一道诏书，表彰并且奖励了他们。

杨震慎独不亏心

山东巨野县的昌邑集一带，东汉时期属山阳郡所辖，称昌邑县。安帝永初五年（111年），在昌邑县城内，发生了一件杨震辞金的故事。杨震是东汉时期的名儒，今陕西省华阴县人。他勤奋好学，通晓诸经，誉满天下。他教过20年的书，也做过东汉的官，可以说桃李满天下，当世誉为"关西孔子"。

东汉安帝在位时，品学兼优的杨震被当时掌握朝政大权的大将军邓骘所看重，诚邀其入仕，为国效力。杨震从政后，为官清廉，政绩卓著，多次得到提拔升迁。在任荆州刺史期间，杨震推荐了颇有才华的王密作了昌邑知县。

几年之后，杨震去东莱赴任时，途经昌邑，王密得知，执意要来拜见。为了避免引起不必要的麻烦，他特意在夜深人静时来见杨震，并奉上黄金十斤，以答谢其知遇之恩。杨震见状，勃然大怒："以前我很深知你的为人，认为你德才兼备，才荐你为县令，可是现在你为什么不了解我的做人准则呢？"

王密低声说："我感谢大人惜才用才的恩德，只是无以为报。现在正是夜幕时分，黑夜中绝对不会有人知道，大人尽管放心收下。"

"怎会没有人知道？天知、地知、你知、我知。"

杨震正色说道："为官一任，造福一方百姓，应以清廉为本。如果认为没有人知道就可以收受贿赂，这不是伤天害理、欺世盗名，还能是什么！你不该辜负我对你的期望，请你把这些东西拿回去吧！"

一席话说得王密满面羞惭、无地自容，只好收拾起黄金，悄悄地退了出来。为了纪念杨震辞金的故事，昌邑的老百姓修了"四知堂"，建立了杨震庙和纪念塔。后来又立了"杨震辞金碑"。杨震辞金的事迹也载入《巨野县志》。

后人有诗赞颂：

杨公遗迹未消沉，绝世清廉说到今。

残塔崔嵬秋草碧，古城依稀暮云深。

"四知"卓识堪垂鉴，千载芳名永作箴。

忆昔昌邑黄昏夜，犹闻父老话辞金。

卓公行千里如期

三国时期的卓恕，字公行。他为人笃实，很讲信义，答应的事情就一定会完成，从来也不会失信背诺。如果是与人约了时间会面，就是碰到狂风暴雨、雷电冰雪，也从来没有迟到过，都是按时到达的。

卓恕一直在吴国的太傅诸葛恪（诸葛亮的哥哥）手下做官。他做官的地方在建业（今江苏南京），距离他家乡会稽（今浙江绍兴）很遥远，已经有多年没回过家了。他思念着父母亲，不知道他们现在怎么样了，很想回家看看。

有一次，卓恕从建业回会稽探家，去向太傅诸葛恪告辞，说："大人，我想告个假。我离开家很久了，现在国家无事，我想回家去看看父母。"

诸葛恪素来为人诚恳，很理解他的心情，就答应了他。但是请假要有个期限，到时候他得回来才行。于是诸葛恪就问："那你什么时候回来呢？"

卓恕说："我和您约定一个时间，到了那天我会来向您报到的。"

两人定好了会面的时间。卓恕就匆匆赶回家去了。

一天天过去，约定的日子将近了。

诸葛恪记得这件事。他想：卓恕这个人在我这里也做了几年的官，他为人、能力虽然都不错，只是一直没什么名气，需要提携。那么，就让我趁这次机会帮他一下吧！

到了与卓恕约定会面的那一天，诸葛恪做东大宴宾客。来参加诸葛恪的宴会的，都是东吴当地一些很有名气的大人物。

诸葛恪就把和卓恕相约的事情告诉了他们，并请大家坐着喝茶聊天，等待午后三刻卓恕到来时才开席饮宴。

当时，客人们对此都不以为然，他们都觉得卓恕不可能按时到达。赴宴的宾客都纷纷议论说："从会稽到建业相间有千余里，请假的时间又不是很充裕，何况路途之上又很难说不会遇到什么意外的事情，怎么一定能如期到达呢？这是根本不可能的事，还谈什么'午时三刻'呢！"

诸葛恪对大家说："大家请相信我，因为我了解卓恕，他是一个诚信君子，他说今天到就一定会到的，再等等吧。"

诸葛恪不是不知道这些宾客的想法，但他仍然坚守要等待卓恕到来再开席。因为他相信卓恕是一个仰出必行、很有信用的人，他说今天到就绝对不会拖到明天，说午后三刻到来就肯定不会拖到未时。其实，诸葛恪是很想让这里所有的名流都知道卓恕是个什么样的人，所以才会这样大宴宾客。

眼看午时已过，瞧瞧日头偏西，又将到"三刻"的时辰了。宾客们议论纷纷，都说卓恕不会来，大伙儿是白等一场了。有的人准备离席，有的人十分失望，有的人甚至讥讽诸葛恪，说他是自作多情，胡说八道。

就在这时，门外响起了车马声。诸葛恪放下茶杯，站起来大声说："如果我没猜错的话，这必定是卓恕到了！"

不一会儿，一个人风尘仆仆，大步走进门来了。大家一看，果然是卓恕。

宾客们都很惊奇地站了起来，迎接这个信守期限达到了惊人地步的人。然后大家又都转脸看着诸葛恪，很佩服他的知人之深、信人之至。

从此之后，卓恕守信的名声就传扬开了。很快，他受到众名流的推荐，获得了吴王的拔擢使用。

刘诚曹奸对徐庶

徐庶是三国时期颍州（今河南许昌）人，字元直。早年与诸葛亮、庞统同为好友，曾投刘表，后投刘备任军师。

刘备自得徐庶相助后，接连数次打败曹军大将曹仁，并且夺得樊城。曹仁与副将李典逃回许昌后，去见曹操，哭拜请罪。

曹操说："胜败乃兵家之常事，但不知是什么人在为刘备出谋划策？"

曹仁说："是单福。"

谋士程昱笑道："此人不是单福，而是颍州徐庶。单福是其假托之名。"

当曹操听谋士程昱说徐庶在为刘备出谋划策时，就想纳为己用。

曹操说："徐庶的才能比您如何？"

程昱说："要高出十倍。"

曹操说："太可惜了，贤能之士归了刘备，刘备的羽翼可就形成了！怎么办呢？"

程昱说："徐庶虽然在刘备那里，但丞相您要用他，招来并不困难。"

原来，徐庶为人至孝，幼年丧父，家中只有老母，而其弟徐康已亡，老母无人奉养；程昱于是建议曹操把徐庶的老母骗至许昌，然后命其写书信招徐庶来归。

曹操大喜，派人连夜将徐庶母亲搬至许昌。

没想到，那徐母是一位忠奸分明、深晓大义的老人，徐母识破曹操的奸计，坚决不从，至死不肯写信让儿子弃明投暗，反而大骂曹操托命汉相，实为汉贼。曹操大怒，喝令武士杀死徐母。

程昱连忙劝阻说："丞相如果杀了徐母，一则损害了自己的名誉，二则成全了徐母的德行。而徐母一死，徐庶为报仇必然死心塌地帮助刘备。不如先留下她，以便使徐庶心悬两处，不能一心一意地辅助刘备。然后，我再设法骗他回来。"曹操觉得这话有理，遂不杀徐母。

程昱骗得徐母的笔迹之后，便模仿其字体，以徐母的名义，诈修家书一封，派一名心腹之人，拿着书信，去新野见徐庶。

徐庶是个孝子，收到这封假信后，果然，泪如泉涌，当即去见刘备，希望能让他回去见母。刘备苦留不住，徐庶在辞别刘备时，向他推荐了诸葛亮，于是有了传诵千古的"三顾茅庐"的故事。

曹操以奸诈得到了徐庶，徐庶却从不为他出谋划策。原因一是徐庶深感刘备真诚的情义，回到曹营不是出于本心；二是其回到曹营之后，真相大白，老母愤而自缢。

徐庶深恨曹操的奸诈，发誓不为曹操设一计谋。这就是著名的"徐庶进曹营，一言不发"的故事。

明山宾诚实卖牛

明山宾，南朝梁时会稽人。明山宾担任某州从事史（事务官）时，正好赶上严重的旱灾，庄稼颗粒无收，百姓没有粮食吃，饥饿难耐，命将不保。

为民担忧的明山宾决定打开粮仓，放粮给老百姓。朝廷知道后大为震怒，并派命官前来追查，最后决定将明山宾革职，且终身不再录用。

明山宾被革职后，带着夫人默默地回会稽老家去了。

由于明山宾为政清廉，家里根本就没有什么财产，回到会稽后，仅仅住在一间茅草屋里度日艰难，甚至要为吃的问题发愁呢。无奈之下，他决定将家中唯一值钱的东西——一头黄牛牵到集市上去卖。

明山宾来到集市上，往牛脖子上挂了一块价牌，上写着："此牛出卖，纹银三两。"

过往的人看了都很惊讶："这么壮实的一头大黄牛，怎么只要三两银子？！"

明山宾一经提醒，便想更改价牌，提高卖价。但一个年轻人眼疾手快，抢在明山宾换牌之前，提出要买下这头牛。

明山宾说一不二，就以三两银子的价钱将这头牛卖给了那个年轻人。在场的人见了都说明山宾傻。

明山宾回到家，把卖牛的经过告诉了妻子。妻子哈哈大笑说："这头牛能卖三两银子就不错了。"

原来，这头牛几年前曾得过漏蹄病。

明山宾一听，说："那买牛的人不是吃亏了吗？"

于是，明山宾又匆匆忙忙赶到集市上，可是已经不见了那买牛的年轻人的踪影。

没有办法，明山宾便四处打听，费尽九牛二虎之为，终于找到了那个买牛人，并反复向他说明了情况。

明山宾说："买卖总要诚实，如果得过病的牛被当做好牛卖掉，我心里会不安的。"

买牛人一听，不由得从心里赞叹明山宾是个真君子，于是以合适的价钱买下了这头牛。

诚信是一切道德的基础和根本，是人之为人的最重要的品德。诚信是发自内心的、自愿的，是人的一种操守，是道德人格不可或缺的因素。一个品德高尚的人，不论在何时，不论在何地，也不论身处何境，都不会失去诚信的美德，明山宾就是一个这样的人。

冒雪步行见可汗

唐中宗神龙二年（706 年）的冬天，安西大都护郭震准备去拜访西突厥的可汗乌质勒。这次会见是郭震第一次以朝廷封疆大使的身份与可汗见面，因此具有特殊的意义。

郭震安步当车，带领随从出发了。没走多远，原本晴朗的天突然变了颜色，紧接着，北风呼啸，鹅毛大雪纷纷扬扬地飘落下来。不一会儿，漫山遍野白茫茫的一片。

雪越下越大、越积越厚，狂风刮得人东倒西歪。郭震一行人顶着风雪，深一脚、浅一脚地艰难行进着。每前进一步，都要比平时多付出几倍的力气。这时有部下提议说："雪下得太大了，我们不如改日等天晴了再去吧。"

郭震断然否决说："不行！我们已经和可汗约定了时间，怎么可以因为一点困难就背信失约呢？如果连这么一件小事都不讲信义，又怎么能让对方相信我们呢？无论如何我们都要赶到那里！"于是，他们翻山越岭，咬紧牙关克服重重困难，终于在约定日子的傍晚时分到达了可汗的驻地。

乌质勒已经在帐篷外面等候多时了。看着漫天的大雪和越来越黑的天，他想郭震可能不会来了。

这时，身边的人忽然喊道："可汗，您看！那边走来了几个人，会不会就是唐朝的使臣？"

乌质勒仔细望去，见那几个人走得很慢，看样子已经疲惫不堪。他想，肯定是唐朝使臣。于是，乌质勒急忙迎上前去。走到跟前，才发现他们一个个像雪人似的，眉毛、胡子上都结了冰。

郭震一边行礼，一边致歉说："可汗，让您久等了！雪太大，路上不好走，我们来晚了！"乌质勒连连摆手，激动地说："哪里话，今天你们能来，是我最大的荣耀。我早就听说您是一位讲信义的人，今日真是百闻不如一见！大唐有您这样的人才，是大唐之幸啊！我愿意和您这样的人交朋友。"

郭震的不仅诚意深深地感动了可汗，而且换来了大唐和西突厥更加友好、亲密的关系。

诚信乃"国之宝也"，我们中国素以礼仪之邦著称，自尊、自重，以诚待人，以信示人，是中华民族的传统美德。人与人之间的交往要讲诚信，国与国之间的交往更要讲诚信，诚信是交往中最为珍贵的礼物。

元方卖房讲诚信

陆元方，唐朝大臣，武则天时官至鸾台侍郎、同平章士。为官清廉谨慎，为人诚实守信。

陆元方在洛阳（今河南洛阳）城外有一处子孙世代相承的祖居的有名的宅院——锦绣园。宅内有亭台楼榭，小桥流水，既雅致又幽静，是个难得的好居处。

陆家当初建这处宅院，是准备世代居住的。后来，不想家道中落，生活入不敷出，于是，陆元方和陆寅、陆卯两个侄儿商量，决定卖掉祖传的锦绣园。

陆元方要卖锦绣园的消息不胫而走，两个商人立即找上门来。陆元方直言不讳地说出卖房的理由，两个商人担心他会开出天价。

谁知陆元方却说道："宅院是我和兄长一手建造的，打算世代居住而并不想出卖。我虽家道中落，现在有些困难，也无意靠它去赚钱，就按当时成本折七成计算，给纹银六千两吧！"

两个商人一听，大喜过望，甚至不敢相信自己的耳朵。当场讲定买下。

他们怕陆元方反悔，急忙掏出五十两银子塞到陆元方手中，作为定金。双双约定三日后正式交易。

两个商人走后，陆元方独自一人漫步在庭院内。它看着院内草木荫荫，流水潺潺，不禁长叹一声。

这时，陆寅、陆卯急匆匆地赶来，说太守请他到府上一聚。

陆元方狐疑地来到太守府，不知是福还是祸。

太守开门见山地说出了自己的意图："夫人身体不佳，想找个清净幽雅的地方休养，找遍了洛阳城外所有的房子，只看中了你家的宅院，心仪已久，只是不便开口。如今听说要外卖，自然求之不得。"

太守非常豪爽地说："你尽管开价吧！"

但陆元方却满怀歉意地拱了拱手，说出真相："宅院已经有买主了，虽然还没有正式交易，但买主已预付了定金。"

太守坚持要买，并说："我可以出双倍的价钱。"

陆元方还是婉言拒绝了，并坚定地表示："答应了别人的事，一定要讲信用。"

太守满脸不悦地说："回去再好好想想！"

当夜，陆元方左思右想，辗转难眠，第二天一大早，就登门太守府。太守一见，喜笑颜开，以为他回心转意了。

出入意料的是陆元方仍旧不改初衷。

这下太守真的生气了。他大骂陆元方忘恩负义，说："当年如果不是我秉公断案，你们陆家早就株连九族了！"陆元方一脸尴尬地跪下，但违约的事仍坚持不干。

到了约定成交的日子，陆元方一听那两个商人准备开酒楼，立即提醒说："不行，不行。这宅院不能开酒楼，因为没有出水的地方。"两个商人有些失望，只好忍痛割爱了。

正当全家人为一时没有卖出房子而烦恼之时，那两个商人再次登门，要求买下锦绣园。

原来，那天陆元方毫不隐讳地说出了房子的缺陷，令他们很感动，并使他们坚信这宅院不会再有其他缺陷了，于是决定把它买下来开个绸缎庄。

许衡不吃无主梨

宋朝末年，天下大乱，百姓背井离乡，四处逃难。许衡身背行囊，腰挎长剑，朝着通往河阳县的路上走着。他是去向一位老学者请教学问。

这时，正是三伏天，炎炎烈日炙烤着大地，空中一丝风也没有。许衡走得汗流浃背，口干舌燥，真想找个地方乘乘凉，喝上一口水。可这里刚刚经过战火，四周的人家都跑得一干二净，哪里去找水喝！走着走着，他看见前面路边的大树下，有几个人正在那里乘凉。他急忙赶过去，希望能讨口水喝。走上前，发现这几位是赶路的小商贩。一问，才知道他们身边带的水也喝光了，因为无处找水喝，正在那里唉声叹气。

这时，远处跑来一个人，怀里捧着什么东西，边跑边大声喊着。商贩们都站起身张望，原来是一起赶路的商贩，刚才独自去找水。等他跑近，大家才发现他怀里捧着的，竟然是一些特水灵的大梨！商贩们都欢呼起来，一齐跑过去抢梨吃。

许衡也走上去问道："这梨是从哪儿买的？"

"买？"那个商贩哈哈大笑起来，"这地方的人都跑到山上避兵灾去了，连个人影也没有，哪里去买？"

"是呀，那你从哪儿弄来这好东西的？"商贩们边吃边好奇问。

"我到那边村里转了一圈。好家伙，连老鼠都找不到一个，水井都被当兵的用土给填上了。我正丧气时忽然看见一家院子的墙头上露出一枝梨树枝，上面挂着一些馋人的大梨，我就摘了这些梨。那树上梨多着呢，我们一起去多摘些，带着路上吃！"

商贩们各自收拾东西，准备去摘梨。许衡插嘴问道："你说村里井都被填了吗？"

商贩说："可不，当兵的见老百姓都跑光了，一气之下把井都填了，你甭想找到水喝。"许衡叹了口气，默默地转身走了。

商贩们很奇怪，问道："小伙子，你不去摘梨吗？"

许衡说："梨树的主人不在，怎么能随便去摘呢？"

商贩们都笑起来，说："这兵荒马乱的日子，哪里还有主人呢？说不定主人已被打死了呢？"

许衡认真地答道："梨树虽然无主，难道我们自己的心里也无主吗？不是自己的东西，我是决不会去拿的。"说完，许衡背起行囊，挎上剑，转身上了大路。

三粒炒熟的种子

明朝时期有这样一个真实的故事。

有一个老商人张老伯年轻时就出门在外，走南闯北做了一辈子买卖，什么苦都吃，天长日久，攒下了一些钱，自己开了一个小饭馆，生意十分红火。

可是，张老伯一天一天老了，觉得应该把他的小饭馆交给他的儿子们来管理。他有三个儿子，交给谁呢？

于是，他仔细观察三个儿子，大儿子和二儿子聪明机灵，常有一些鬼点子；

小儿子性情憨厚老实，只知道读书，很少管家里的事。他想了很久，也不知道该把辛辛苦苦办起来的小饭馆交给谁才好。

张老伯六十六岁生日那天，他的三个儿子都来给他祝寿。家庭宴席结束后，他把他的三个儿子叫到书房里，对他们说："我老了，怕是活不了几年了，说不定哪一天就会突然死掉。我这辈子就留下这么一个小饭馆，我想在你们当中选一个合适的人来管理这个小店。我想了好久，想了一个非常公平的办法。现在我就宣布选财产继承人的方法，你们听好。"

这时，老头儿吩咐家里的仆人搬来三个已经装好土的花盆，然后从怀里掏出三粒种子放在桌子上，清了清嗓子说："这是我精选的花种，你们在这里任选一颗种在花盆里，半年以后，拿来给我看，谁养的花最令我满意，我就把财产交给谁。但是要记住，只能用我发给你们的种子，只能用这花盆里的土。"

大儿子和二儿子回到家里，精心培育了几天，可是就不见花盆里的花发芽，难道是盆里的土有问题？难道是种子有问题？于是就偷偷地去乡下找花匠。他们从花匠那里买了同样品种的种子，又让花匠换了花盆里的土壤，高高兴兴地把花盆抱回家。没过几天，他们养的花就发芽了。

憨厚老实的小儿子每天按时给花盆浇水，可就是不见发芽。他一点儿也不着急，仍然按时浇水施肥。因为他是按照爸爸的吩咐做的。

半年以后，三个儿子都端来自己养的花给老头儿看，大儿子养的花都枝繁叶茂，含苞待放。二儿子养的花也都是枝繁叶茂，而且还开出了很鲜艳的花朵。只有小儿子的花盆与原来一样，还是一盆花土，什么也没长出来。

老商人看了，当场宣布："从现在起，小饭馆就教给老三管理了！"说完，就把小饭馆的钥匙和账本交给了小儿子。

其他两个儿子很不服气，就生气地质问父亲："三弟的花盆里什么都没有长出来，您怎么就把饭馆交给他了呢？"

老商人说："做生意一定要讲究诚信，因此要选一个诚实的人做接班人，看来你们的弟弟是最诚实的。"

另外两个儿子都一齐向:"为什么?"

老商人缓缓地说:"我分给你们的那三粒种子,是炒熟的种子。"

老大、老二愣了半天,什么也没说,羞愧极了。

张老伯用三粒种子选接班人的故事说明一个道理,这就是,做事一定要实事求是,不管怎么样,诚实是最重要的。

宋濂借书不误期

宋濂,是明代著名的文学家,字景濂,号潜溪,浦江(今浙江省金华市浦江县)人。

宋濂出生在一个贫苦的家庭,家境贫寒。但他自幼就很好学,喜欢读书。因为家里太穷,上不起学,也没有钱买书,他就想尽办法去向别人借书来读。每次借书,他都讲好期限,按时还书,从不违约,人们都乐意把书借给他。

有一次,他借到一本好书,越读越爱不释手,便决定把它全抄下来。可是还书的期限已经快到了,他只好连夜抄写。

时值滴水成冰的寒冬腊月。夜色越深天气越冷,北风从窗隙、门缝往屋里钻,他被冻得直颤抖,握笔的五个手指都无法屈曲了,砚台里的墨汁凝成了坚冰。他呵呵手指,又呵呵墨汁,还是埋着头在微弱的烛光下一字一字地抄书。

他母亲看到儿子那个模样很心疼,就劝他说:"孩子,都半夜了,这么寒冷,天亮了再抄吧!别人又不是等着看这书。"

宋濂说:"借书的时间明天就到了呀!"

母亲又说："迟一两天再还，主人也不会怪你的。"

宋濂抬起头来，很认真地说："不能这样的！不管人家等不等这本看，到期限就要还，下次我再要借书就不难了。娘，这是个信用问题，也是尊重别人的表现。如果说话做事不讲信用，失信于人，怎么可能得到别人的尊重。"说完他又不停手地抄着，一直抄到天亮，终于把书抄完了。

天一亮，他把书包好，出门踏着满地的冰雪，跑着还书去了。

这时，母亲睡了一觉醒来，看着儿子的背影消失在风雪中。

天长日久，由于宋濂每次借书都能按时归还，从不违约，人们都很乐意借书给他。

而他在读书、抄书的过程中，学到了很多东西，增长了不少知识。

宋濂越来越感到自己知识的欠缺，为了增加学问，他就四处去访友拜师。

有一次，宋濂要去远方一百多里外的山区，向一个著名学者拜师，并约好了见面的日期。

谁知出发那天下起了鹅毛大雪，原野上白茫茫的一片。

天刚蒙蒙亮，他收拾书箱准备上路时，母亲很惊讶地说："这样寒冷的天气怎能出远门呢？再说，你的老师住在山里，那里早已大雪封山了，他恐怕也关门不授徒了。你穿这一件旧棉袄，也抵不住深山的严寒啊！"

宋濂说："娘，我跟老师约好今天下午行拜师礼的。我不早点动身，会误了拜师的时间，这就失约了。失约，就是对老师的不礼貌、不尊重，要是老师因此不再接纳我，那还是我的损失啊！风雪再大，我都得上路。"说完，他背起书箱，迎着纷飞的雪花出了门。

一路上，宋濂踩着积雪，双脚陷进深深的雪窝里，拔出来要费浑身的力气，每一步都走得很艰难，可是他顽强地前行着。

午后，当这个全身僵硬的"雪人"出现在那位学者面前的时候，正在拥着火盆取暖的学者吃惊得愣住了；随后他慌忙把宋濂拉进门，感动得眼眶也红了，声音颤抖地说："你真是个不简单的年轻人！你这个学生我收定了！

你如此守信好学，将来必有大出息！"

后来，宋濂以精诚谦恭的冶学态度，果然有大出息，成为了明代初期最著名的文学家。至今，宋濂借书的故事还广为流传。

张孝基诚信还财

明朝弘志年间排印的《厚德录》上记载了这样一个关于"诚信"的故事：

许昌这个地方有一个读书人，名字叫张孝基，同乡土的一个有钱人见张孝基为人正直诚实，就决定把女儿许配给他做妻子。于是张孝基就和富人的女儿结婚了。

那个富人有一个儿子，但是儿子品行不端，经常赌博，还时常出入城里的酒楼和妓院，挥霍家里的钱财，败坏家里的名声。富人用尽了办法，还是不能使儿子悔改，后来把儿子赶出了家门，和他断绝了父子关系。

富人后来得了重病，张孝基和妻子尽心照料他，给他请医生买药熬药，可就是不见好转。有一天，富人把张孝基叫到床前，对他说："我这人命苦，虽然有万贯家财，可是我儿子不争气，我不得不另找一个财产继承人。我暗中观察你很多年，觉得你人品不错，就决定把这个家托付给你。我怕是活不了几天了，今天我就把家里的事交待一下，死也就安心了。"

于是，他让管家拿出账本和家里的金钱财宝，一样一样讲给张孝基听。张孝基——记下，还答应一定帮他管好家里的事。过了些日子，富人死了，张孝基遵照老人的嘱咐，把家里的事情管理得井井有条。

很多年以后，张孝基去城里办事，看见一个乞丐正跪在马路边要饭，仔细一看，原来是富人的儿子。于是就走上前问："你能浇灌菜园吗？"

富人的儿子回答："如果浇灌菜园能让我吃饱的话，我愿意。"

于是，张孝基就把他带回家，让他吃了一顿饱饭，然后就让菜农教他灌溉菜园子。富人的儿子很认真地学，不久就已经做得很好了。

张孝基觉得富人的儿子正在一点一点变好，想给他一些新的工作，就问他："你能管理仓库吗？"

富人的儿子说："能够浇灌菜园子，我已经很满足了，这是我第一次靠自己的劳动吃饭；如果能管理仓库，我是多么幸运呀！"

此后，富人的儿子很认真地管理仓库，半年时间里从没出过任何差错。于是张孝基就教他管家里的账目，富人的儿子不久也学会了。张孝基觉得富人的儿子已经能够独立管理家里的一切事物了。

有一天，张孝基对富人的儿子说："你父亲临死的时候，托付我帮他管理家里的田产、财物，现在你回来了，也学会独立做事了，我想我该把这个家还给你了。"

富人的儿子接管了家里的事以后，勤俭持家，还经常帮助村里的穷人，成为乡里的一个好人。

坚守诺言三七载

上海知青陈健用 37 年的光阴，书写着中华民族信守诺言的大德大义。

1969 年 8 月 15 日，20 岁的上海知青金训华为抢救国家财产英勇献身。来到黑龙江逊克县插队的近 5000 名上海知青陆续返城了，只留下了一位默默的守墓人、当年跟金训华一同跳入洪水中的陈健。

陈健不是不想回上海，也不是没有机会。一次生命的交换，让他内心留下了永远的歉疚："有金训华的牺牲才有我今天的活着。金训华留在了逊克这片土地上，我一个活着的人为什么不可以陪伴他呢？我们坐一趟火车来的，住在同一个宿舍，一起在煤油灯下学《毛泽东选集》，我无法用生命去报答他。我对我所做的一切，昨天没后悔，今天不后悔，明天也不会后悔，我始终珍惜我的诺言，走我的路，历史也不该把金训华遗忘。"

30多年里，无论刮风下雪，陈健每年要到金训华墓地祭扫。他信守着当年战友下葬时自己心底默默许下的一个诺言：一辈子留在此地，陪伴这位长眠黑土地、再也不能还乡的战友。"感动中国"推选委员任卫新评价道："自古以来中华民族信守诺言就是一种大德大义，而他却是以自己一生的孤独守在墓前，履行着一个让九泉之下灵魂不会孤独的诺言，他把众生感动，也把远去的灵魂感动。"

2005年度"感动中国"人物评选组委会授予陈健的颁奖辞说道："一个生者对死者的承诺，只是良心的自我约束，但是他却为此坚守37年，放弃了梦想、幸福和骨肉亲情。淡云火红的时代背景，他身上有古典意识的风范。无论在哪个年代，坚守承诺始终是支撑人性的基石，对人如此，对一个民族更是如此。"

诚信阳光照心灵

"信义兄弟"孙水林和孙东林冒风迎雪、接力给农民工送薪的义举在中华大地上传扬，他们因此当选为"2010年度感动中国十大人物"。虽然哥哥孙水林不在了，弟弟孙东林却毫不犹豫地接过"信义"旗帜，用社会各界的捐赠设立了帮扶基金，倾情帮助困难农民工，并成立湖北信义兄弟建筑工程股份制有限公司，将讲信用、重诚信的信义精神继续发扬光大。

1989年，武汉市黄陂区的农民孙东林与孙水林弟兄一同组建起建筑队伍，开始在北京、河南等地承接建筑工程和装饰工程。孙东林一直坚持以诚信为本，始终守信如金。20多年来，无论遇到什么状况，孙东林从未拖欠过工人的工资。有时，工程款不能及时拿到，他四处借钱，也要坚持将工资按时发放。他说："诚信，是为人之道，也是立足之本。"

建筑工人的流动性很大，但在孙东林带领的工程队中，许多工人从1989年开始便一直跟随他参与建筑施工，具有10多年工龄的农民工占了半数以上。工人们说："跟着他，我们放心。"

2010年2月9日，在天津承包建筑工程施工的孙水林，为抢在春节前赶回武汉黄陂给先期返乡的农民工发放工资，不顾路途遥远、天气恶劣，连夜赶路千里送薪，不料在2月10日凌晨突遭车祸，一家五口不幸罹难。

得知噩耗，弟弟孙东林悲痛不已。为了替哥哥完成遗愿，他带上哥哥车上的26万元钱，返乡代兄为农民工发放工资。由于工资清单已不知去向，孙东林毅然决定：根据农民工报出的钱数，报多少给多少。

就这样，在除夕夜的前一天，孙东林将33.6万元工资全部发放到了农民工手中。兄弟二人生死接力送薪，谱写出了一曲诚信颂歌，人称"信义兄弟"。"结完全部工钱的那一刻，我才完全放松下来，我觉得可以告慰哥哥的在天之灵了。"孙东林说。

2010年度"感动中国"人物评选组委会授予孙水林、孙东林的颁奖辞说道："言忠信，行笃敬，古老相传的信条，演绎出现代传奇，他们为尊严承诺，为良心奔波，大地上一场悲情接力。雪夜里的好兄弟，只剩下孤独一个。雪落无声，但情义打在地上铿锵有力。"（来源：新华网）

孝

导言

　　《说文解字》"老"部释"孝"："善事父母者。从老省，从子，子承老也。"《尔雅》释"善父母为孝。""孝"是子女对待父母的敬爱，是人生所有德行的基石。以此为本，可以推及对尊长的敬，对国家的忠，对他人的爱……《孝经·三才》讲"夫孝，天之经也，地之义也，民之行也。"可见，孝亲是天经地义的。

　　"孝"起于血缘亲情，建立在生命的起源上。子女在母体中孕育、在父母呵护下成长，不断感受到父母的养育之爱，很自然地滋长着亲情回报的爱心，这种知恩、感恩、报恩的情感、品性、行为就是"孝"。"孝"不是封建社会和封建家庭的特产，而是基于人性的自然感情。

　　"孝"是爱心的萌发处和基石。人之初，从家教开始便在习"孝"。亲子之互爱与市场上的买卖交易截然不同，是不计功利，不计"支出"、"收入"的。这种亲子间的天然关爱和无私奉献精神，是其他人际关系所无法比拟的，这是人类爱心的最初种子，是起点和基石，教育就是从这里开始的，同时，这也是道德启蒙的起点和基石。所以，孔子说："夫孝，德之本也，教之所由生也。"珍惜这种爱亲的情感体验，把它培育起来，推展开来，就会养成健康发达的爱心和德性。孟子说："亲亲而仁民，仁民而爱物。"仁爱之心、博爱精神，都是这种爱心的推衍和升华。以此为根而繁衍的价值观和价值体系，应是天然而富人性的。

"孝"教育与培养的是一种恩义、情义的情感，如果没有这种处世情感，让单纯"以利相交"，即以利益为取舍的处世原则主宰人世，见利忘义的世风就拂之不去。

家庭是培育爱心和德性的全天候学校，受益的却不仅是家庭，而是全社会，因为"爱亲者，不敢恶于人；敬亲者，不敢慢于人。"孝道的实现是为社会培养合格的人，有德性的人。"上孝养志，其次养色，其次养体。"这是孝道的三个层次——孝志、孝敬、孝养。赡养父母，尽力满足父母的基本物质需求，是为人子尽孝的起码义务。《孝经·庶人》说"谨身节用，以养父母，此庶人之孝也。"

古代法律从西周时期开始就把不孝定为重罪，现在也已将赡养父母作为子女的法定义务写进《婚姻法》、《老年人权益保障法》等法律。

《孟子·离娄下》列"不孝者五"，第一条是懒惰，不顾父母之养；第二条赌博酗酒，不顾父母之养；第三条贪财而且只顾自己的妻儿，不顾父母之养，也就是民间所说的"娶了媳妇忘了娘"。

"孝"的更高一个层次是"孝敬"。《论语·为政》中，孔子回答子游问孝时说："今之孝者，是谓能养。至于犬马，皆能有养。不敬，何以别乎？"对父母的爱与孝，不仅仅体现在要尽量提供父母的基本物质需要，而且要更加细致入微地体察父母的内心感受，努力满足父母的精神需求。子女在尽孝时难在对父母经常和颜悦色，"子夏问孝。子曰：'色难。'"脸色是内心感情的外在表露。真心爱父母、时时心存感恩，孝敬之色才能成为常态。

几位大学生暑假期间做了一项这样的调查，课题是家庭成员中祖孙之间见面后的表情变化。调查结果显示，在被调查的50位老人中，见到放假回来的子孙时，48位老人表情愉悦，面带微笑，问长问短，一脸亲切；2位显得平静，话语不多。而这 50 位回家的子孙见到爷爷奶奶的那一刻，30 位板着面孔，只顾自己做自己的事情；5 位脸色平静，象征性地打招呼；15 位主动和老人拥抱，问暖。

通过调查可以看到我们的孩子在行孝道方面明显不足。在当代社会，满足老人的精神需求越来越重要。要做到孝敬需要充分克服由代沟造成的心理隔阂，要耐心"善体亲心"。本书所选《老莱子戏采娱亲》等故事让人千百年来赞叹不已。

对父母的孝和爱应当是全方位全天候的，特别要关注他们的健康状况。

孔子曰："父母之年，不可不知也。一则以喜，一则以惧。"父母年高，一方面喜悦，一方面担心。要如意保护。

养志即孝志，也可叫承志，是孝道的第三个层次，指努力实现父母的善良、合理的志向、愿望。父母的合理愿望，至少又可以有三个不同层次：

首先，要爱惜生命。"身体发肤，受之父母，不敢毁伤，孝之始也。"保全自己的身体不受伤害或者处罚，就不会让父母忧心，更不会让他们悲伤。即使是在父母不慈要侵害自己的情况下也不可一味顺从，而要做到智慧地处断，明智地选择。

而我们当下有的小青年甚至大学生，动不动就因为感情问题甚至是一些微不足道的事情而轻生自残，造成家人亲友多大悲痛啊！这些都是不孝的行为。

其次，立身行事起码做到不辱父母。孔子曾经教诲曾子说："不辱其身，不羞其亲，可谓孝矣。"失信于人、被他人羞辱、甚至违法犯罪等都会给父母带来羞辱，所以有孝心的人一定要谨慎自己的言行举止，不给父母带来羞辱。在媒体的报道中我们常常看到服刑的犯人中就有因感悟到自己有辱父母、辜负了父母而痛哭流涕（如北京的未成年人管教所和海南省劳改所均有显例）。这是孝道孝心回归的表现。

再次，培养高尚的德行或者做出优异的成绩得到他人的尊重，给父母带来荣耀。这是高层次的孝行。

为了实现孝志，好儿女志在四方。当下社会的交通和通讯条件是古代社会所无法想象的，当下我们无论在世界的任何一个角落，都可以瞬间和父母取得联系，必要时几日便可回到父母身边，所以已经没有过去那样的"远游"了。同时，不论离家远近，立身行道，尽职尽责，不令父母操心和不安，让父母欣慰，并时常问候，也是尽孝。如孔繁森所做到的公孝两全，就是我们的榜样和楷模。

在理解传统孝道时需要注意以下几个方面——

首先，孝丧不如孝养。

儒家强调丧祭的重要性，是为了让孝子之心不断培固，让孝道代代相传。所以孔子说："生，事之以礼；死，葬之以礼，祭之以礼。"但是治丧和祭祀，重在表达虔诚和感恩，不要过于看重形式，更不可用来夸富和搏名，所以要量力而行，不能追求奢侈。孔子在《论语·八佾》中也说："礼，与其奢也，宁俭；与其易也，宁戚。"孝心，更应该体现在及时行孝、尽己所能方面。"子欲养而亲不待"，这是许多成年人的感悟甚至是追悔。

其次，孝顺不如孝谏。

中华的优秀传统是反对愚孝的，认为那非但不是孝，反而是陷父母于不义的不孝行为。孔子明确提出"事父母几谏"。"几谏"的意思是轻微、婉转地劝谏。《大戴礼记·曾子立孝》中也明确提出："父母之行，若中道则从，若不中道则谏……从而不谏，非孝也。"如果阿意屈从，明知父母之非也不及时劝谏，是违背做人的道义的。

但劝谏父母也一定要讲究态度和方式方法。《礼记·内则》明确表述："父母有过，下气、怡色、柔声以谏。谏若不入，起敬起孝，说（悦）则复谏。"在民间有"孙元觉苦心劝父"和"原古谏父"的故事，基本相近的故事情节都表达了孝子在父亲要遗弃爷爷而陷于不孝时，采用了聪明睿智的解决方法，既避免了父亲的过失，又规劝了父亲，实现了家庭的和睦、美满。

再次，"孝"建立在人格平等的基础上。

孝的精神在于亲情，在于爱敬，孝敬不是盲从。父母子女在人格方面是平等的。封建专制主义给"孝"打上单方面顺从的烙印，由此衍生出后来的"君要臣死臣不得不死，父要子亡子不得不亡"的愚忠、愚孝思想，顺从成为绝对的要求，"孝"的天然感情被扭曲，亲子关系被异化。

"五四"新文化运动批判封建家长制以及被封建专制主义扭曲的孝道，反映了个体人格的觉醒，在那时是有历史合理性的。但也有矫枉过正、"把孩子和污水一起泼掉"的倾向，其影响一直延续到"文化大革命"前后。

现在，封建专制制度已经推翻，封建宗法家长制已经解体，而家庭仍是社会的细胞，孝德仍有它发挥作用的社会基础和影响力。

那么我们该怎样建设孝道呢？

首先要建设好弘孝的各种平台和载体，使孝道思想不再魂不附体。每年5月第二个礼拜天的美国母亲节、6月第三个礼拜天的美国父亲节都是美国文化的产物，没有孝道观念。我国有人把美国母亲节、父亲节当做自己的母亲节、父亲节，这就像回家认错了门一样。切不可听任商家与媒体的误导，切不可丢失这一块中华文化阵地。我们已成立了中华母亲节促进会和中华父亲节促进会，以孟母生孟子成为母亲的农历四月初二为中华母亲节，以九九重阳作中华父亲节。中华母亲节、中华父亲节不失为弘孝的好平台、好载体。

中华母亲节所含的寓意有两个方面：

一方面是母爱、母教。有人说，推动世界的手是摇摇篮的手。有了母亲才有了世界。母亲是孩子的第一任教师，又是最重要的教师。母亲教育是每人必经的最基础的教育，是塑造人生的基本工序。好孩子是母亲的希望，好母亲则是孩子的天堂。世界上最伟大的工作就是母亲的工作。爱子必然教子，母爱必然提升为母教，落实在母教上。母亲的素质决定着人类和民族的未来。母亲教育是民族素质建设和人才资源开发的原始性、长久性的基础。因此，有识之士不断呼吁要建设母亲意识，发扬母教传统，振兴母教文化。

人们很自然地想起了"孟母教子"的中华传统，中华母亲节应当发扬这种优良传统。

另一方面是爱母、孝亲。我们提倡孝道，中华母亲节与孝道是互为表里的关系，我们各地的中华母亲节每每以感恩母亲为中心，中华母亲节成为表达爱母、孝亲精神的推动器，是孝道教育的最好载体和抓手。中华父亲节亦然。

人类的美好感情，包括体验和感受感情的能力，需要精心保护、加意培养。如果家庭里的"小皇帝"、"小太阳"认为父母为他所做的一切都是应当的，对亲情已经麻木、不会感知爱，那他就不懂亲情回报、不会报答爱。从小以个人为中心、不懂得孝亲，长大后就是自私、不懂得奉献的人。设立中华母亲节、中华父亲节，就是为了让天下父母的爱心有一个得以彰显、让人认真体认的节日，让天下子女的孝心有一个受到唤醒、并得以精致表达的节日。近年许多地方都红红火火地过中国自己的中华母亲节、中华父亲节，开展孝亲活动。"孝"的赞歌在神州大地越唱越响亮。

"孝"不仅有助于家庭代际和谐，而且有助于解决好老龄社会的养老问题。源于我们的传统文化观念，家庭养老仍是我国未来养老的主要形式。有孝才能安老。我国未来养老的理想格局是：家庭为基础，社区为依托，机构为补充。我国的老年人，就全国来说，99% 在家中度过晚年；在农村的比例更大。这就要求儿女必须尽孝道，不然的话，我们的养老保障体系再健全，也代替不了亲情慰藉和天伦之乐。

而我们现在的实际情况是怎样的呢？2005 年，黑龙江省有人大代表在全国 31 个省做的调查表明，在广大农村，孝道的传承出了问题，52% 的子女对父母态度麻木，农村吃得最次、穿得最破、住得最差的，是老年人。河南某村，儿媳妇竞相以赶走公婆为能事。

我国现在的家庭结构是四二一，呈倒金字塔形，老年人的比重越来越大，大城市中空巢老人家庭超过一半，如果再没有"孝"作伦理道德的支柱，老人的晚境实在堪忧！2012 年九月央视设"我们的父亲母亲"专题，说我国老年痴呆症患者有一千万，其中 40% 与亲人之疏远有关。

孟子说过"老吾老以及人之老"，只有全社会都意识到天下所有的老人都是需要我们关爱和呵护的，我们的孝亲敬老才能蔚为风尚。所以孝道的教育是刻不容缓、迫在眉睫的事情。

第四届全国道德模范颁奖典礼献孝老爱亲模范〔孝〕致敬辞

孝老爱亲，血脉相连。或倾心侍奉，或倾情照顾，或手足关爱，或生死相助，割脾捐肝。这孝悌心、孝悌行，浓于水，重如山，是人性之美的闪耀，是德之本，教之始，善之先。有了这孝悌的天经地义，中华文明就能生生不息，薪火相传。华夏儿女就有了家之亲、国之亲。我们团结奋进的力量就有如磐石之坚，中华圆梦如日中天！

格言

有天地然后有万物，有万物然后有男女，有男女然后有夫妇，有夫妇然后有父子。——《周易·序卦》

【简释】有了天地然后有万物，有了万物然后有男女，有了男女然后有夫妇，有了夫妇然后有父子。

子曰："夫孝，德之本也，教之所由生也。"——《孝经·开宗明义》

【简释】孔子说："孝是道德精神的源头和根本，是教化的缘起和基石。"

身体发肤，受之父母，不敢毁伤，孝之始也。立身行道，扬名于后世，以显父母，孝之终也。——《孝经·开宗明义》

【简释】自己的肢体、头发和肌肤都是从父母那里得来的，不敢毁坏伤害，这是最基本的孝行；能够在德行上有所成就，并在为人处世上行正道，使自己名垂后世，从而使父母得到荣耀与赞美，这是孝的最高表现。

爱亲者，不敢恶于人；敬亲者，不敢慢于人。——《孝经·天子》

【简释】爱自己父母的人，不敢对别人心存厌恶；尊敬自己父母的人，也不感怠慢别人。

谨身节用，以养父母，此庶人之孝也。——《孝经·庶人》

【简释】谨慎地保重自己的身体和爱护自己的名誉，并节省花费，不把有用的金钱作无谓的消耗。照此方式来孝养父母，这便是普通百姓的孝道。

夫孝，天之经也，地之义也，民之行也。——《孝经·三才》

【简释】所谓孝，就是上天的规范，大地的准则，人民的行为。

孝子之事亲也，居则致其敬，养则致其乐，病则致其忧，丧则致其哀，祭则致其严。——《孝经·纪孝行》

【简释】孝子侍奉父母，日常生活中要表现出心中的恭敬，赡养父母要表现出由衷的快乐，父母生病时要表现出内心深深的担忧，父母去世要表现出真切的悲哀，祭祀父母要表现出庄重的思念。

今之孝者，是谓能养。至于犬马，皆能有养。不敬，何以别乎？——《论语·为政》

【简释】当今谈论孝，认为就是指赡养父母。那么人们对家里的狗和马也一样能豢养。如果孝仅仅表现于对父母的赡养而没有恭敬之心，那么与对待狗和马又有什么差别呢？

子夏问孝。子曰："色难。"——《论语·为政》

【简释】子夏问孝道，孔子回答说："难在对父母（因为内心的敬爱而时时刻刻的）和颜悦色。"

子曰："事父母几谏。见志不从，又敬不违，劳而不怨。"——《论语·里仁》

【简释】孔子说："侍奉父母时也应该委婉地劝说父母。当父母不能接纳自己的劝说时，也应该仍然保持恭敬的态度，不违背父母，即使辛劳也丝毫没有怨恨。”

子曰：“父母之年，不可不知也。一则以喜，一则以惧。”——《论语·里仁》

【简释】孔子说：“父母的年纪不可不知道。一方面因其高寿感到喜悦，一方面因其年老感到担心。”

入孝出弟，人之小行也；上顺下笃，人之中行也；从道不从君，从义不从父，人之大行也。——《荀子·子道》

【简释】孝顺父母、敬爱兄长，是人的小德行；顺从于长上，爱护晚辈和下属是人的中等德行；遵从道义而无法服从君王，遵从道义而无法顺从父母，是人的最高德行。

老吾老，以及人之老；幼吾幼，以及人之幼。——《孟子·梁惠王上》

【简释】尊敬自己的父母，进而推广到尊敬别人家里的长辈；爱护自己的儿女，进而推广到爱护别人的儿女。

父母有过，下气、怡色、柔声以谏。谏若不入，起敬，起孝，说则复谏。——《礼记·内则》

【简释】父母有过错，孝子就应该用谦恭的口气、和悦的脸色、轻柔的声音来进行劝说。如果父母不听劝说，就尊重他们，孝敬他们，等到他们高兴了再劝说。（说，同“悦”）

不辱其身，不羞其亲，可谓孝矣。——《礼记·祭义》

【简释】不辱没自身，不让亲人因为自己而蒙羞，可以叫做孝了。

父母之行若中道，则从；若不中道，则谏；谏而不用，行之如由己。

从而不谏，非孝也。——《大戴礼记·曾子事父母》

【简释】父母行为，如果合乎正道，就听从他们，如果不合乎正道，就劝谏他们；劝谏不被父母采纳，父母的行为所造成的错误，就好像是自己造成的一样。盲目听从父母而对他们错误的行为不劝谏就是不孝。

爱子，教之以义方，弗纵于邪。爱子，教之以义方，弗纳于邪。——《左传·隐公三年》

【简释】疼爱子女，就要用高尚的道义来教育他，而不要让他接近邪恶不正的人或事。

上孝养志，其次养色，其次养体。——西汉·桓宽《盐铁论·孝养》

【简释】第一等的孝就是承顺父母的意志，其次是对父母要和颜悦色，再次是保养父母的身体。

慈母手中线，游子身上衣，临行密密缝，意恐迟迟归。谁言寸草心，报得三春晖？——唐·孟郊《游子吟》

【简释】慈母手中的针线，是在为即将远行的游子缝制衣裳。临行前还在一针一线密密地缝着，担心儿子很久才能回来。谁说区区小草的心，就能报答春天太阳的恩情了呢？

一间茅屋何所直？父母之乡去不得。——唐·王建《水扶摇》

【简释】我这一间破旧的茅屋能值几个钱呢？但这是父母生我养我的地方，所以我才舍不得离开呀！

故
事

芒孟慈母行义举

周朝时期，魏国有一位叫芒卯的人，他的妻子不幸早逝，留下了五个年幼的儿子，没有母亲依靠。芒卯心疼孩子小小年纪丧母，无人照料、管教，于是又继娶了孟阳氏为妻。

孟阳氏是一位知书达理的女子，品性善良，为人端正。在她嫁给芒卯后，勤于操持家务，得到了邻里的称赞。后来，孟阳氏相继生下了三个儿子，如此，除了日常打理家务外，她还需照料八个孩子，颇为辛苦。

自从生下了三个孩子，孟阳氏并没有偏爱自己的孩子，反而对他们管教十分严格。相反的，孟阳氏对前妻的五个孩子关怀备至，尽量给他们最好的照顾。平常，在给前五子吃的、用的、穿的、住的各方面，不仅无所欠缺，还都优于自己的孩子。

在衣服上，孟阳氏的孩子，常常是穿前五子穿完的旧衣服。若是逢年过节，有裁制新衣，孟阳氏总给前五子裁剪好的布料做衣裳，自己的孩子则会穿得比前五子差些。

孟阳氏如此勤苦持家，细心照料前五子有好些年，前五子却依然对继母很不孝顺，从来不肯听孟阳氏的教导，甚至经常顶嘴，有时还不搭理孟阳氏。后来，五子长大了，经常跑到外面去，结交一些不好的朋友，品性越来越差。

然而，纵是五子不能孝顺，甚至忤逆她，孟阳氏也依然尽心照料他们，尽自己为人母的一份爱心。

五子们因屡教不改，常常外出惹事，终于，第三子为非作歹，犯下王法，罪当处死，被抓了起来，关进监牢。芒家得闻此消息，顿时一片惊慌、混乱，每个人都焦急万分，却又不知该如何是好。孟阳氏一听三子犯下死罪，一阵震惊，内心又是酸楚又是悲痛，差点昏倒过去。

自此，孟阳氏为救三子，忧愁不已，每天她都晚晚地睡，又早早地起来，为三子的事日夜奔走，求告官门，希望三子能得赦免死罪，保住性命。有人见她如此伤心劳力，不由得为她心疼起来，劝她说："那些孩子对你不好到了极点，何必再为他们辛苦奔走，忧伤恐惧成这样子呢？

孟阳氏却坚定地回答说："继母也是母亲呀！做孩子的母亲，不是真心爱他们，怎么能称得上是慈母呢？我嫁来后，自然就要像他们的母亲一样对他们。为人母若不能爱她的孩子，算得上慈爱吗？只亲爱自己的亲生儿女骨肉，却偏背前房的孩子，那怎么说是懂得义理呢？"

官吏们见孟阳氏这样为继子劳累奔走，不计身命，都感动不已，便呈报给魏王。魏王听说了这件事后，也备受感动，下令免去三子的死罪，释放回家，恢复他们完整的家庭。

这个消息传来芒家时，芒家上下一片惊叹、欢喜，都佩服孟阳氏的慈爱救了三子。而当三子被释放回家后，得知继母为救自己竟日夜忧愁，四处奔走，内心很受震动，马上给继母跪了下来，痛哭流涕，深切忏悔以往不孝的罪过。其他四子见到时，也纷纷向继母跪下，痛自悔过，企求孟阳氏的原谅。

孟阳氏见五子回心转意，不由感动得泪流满面，一一安慰，请他们起来。从此，五子与继母便变得十分亲近，不但对孟阳氏像母亲般的敬爱孝顺，还很照顾关怀三个弟弟，而且，对父亲也更为尊敬，芒家上下一片和睦，一片亲爱。

扮鹿取乳治眼疾

春秋时代的郯子 26 岁的那一年，他的父母同时染上了一种奇怪的眼疾，先是痒，后来又疼，最终竟然都双目失明了。

由于契而不舍的努力，加上众位乡亲的无私帮助，郯子终于从一位医生那里获得了一个良方：野鹿乳。

但是，医生又给郯子解释了野鹿乳难求的原因。医生说："要治愈失明已久的病人，必须取野鹿的鲜乳服用才能达到效果。母鹿一旦遭到捕获，由于受到惊吓，鹿乳的药用价值就大大降低了。"

郯子接过处方，谢过了医生，转身向家中走去。一路上，他把医生的话反反复复地琢磨了好几遍。最后想出了一个好办法。

他咬牙忍痛变卖了一部分家产，先到猎人那里买了一张刚刚处理好的野鹿皮，皮上还连着鹿头，做工十分精致，鹿头栩栩如生。然后，郯子又去买了一只又大又结实的银瓶，然后背上一袋干粮和几双草鞋，辞别了年迈的爹娘，辞别了前来送行的乡亲们，冒着蒙蒙细雨上路了。

一路之上，郯子风餐露宿，日夜兼程，不久就来到了野鹿出没的草原上。为了躲避猛兽，郯子只能在树上过夜，几天下来，累得腰酸背痛，令人欣喜的是他很快就发现了一个很大的鹿群。

郯子试着接近它们，但是，一连好几次都被野鹿发现了。

也不知在草原上过了多少个日日夜夜，就在干粮快要吃完的时候，郯子惊喜地发现鹿群里有了刚刚出生的小鹿。

他激动地对自己说，时候到了。一天，郯子把鹿皮披在身上，把鹿头套在脑袋上，凭着感觉屏着呼吸朝着鹿群爬去。

野鹿发现了他，可能有些奇怪，但并不惊慌，有一只小鹿甚至蹦蹦跳跳地跑过来，在他的身上蹭来蹭去，母鹿也跟在小鹿的后面慢慢地走了过来。

郯子暗自庆幸，趁着小鹿吃奶的时候，摘下腰间的银瓶，摸索着找到了母鹿的奶头，用以前在一位牧羊人那里学会的手法熟练地挤取鹿乳。

母鹿有点不安，却没有跑开，静静地站在那儿，直到郯子把银瓶挤满了……

他掀掉身上的鹿皮，塞紧银瓶的盖子，然后换上了最后一双新草鞋。辞别了猎人，马不停蹄地跑回家。

第二天傍晚，一进家门，郯子从怀里取出银瓶，把带着自己体温的鹿乳给父母喂了下去。

三天以后，已经失明了十几年的父母果真奇迹般地恢复了视力，父亲的腰腿疼病也彻底好了，全家人都喜出望外。

他们拉着郯子的手，一遍又一遍地上下打量着他，哽咽着说不出话来。

最后，还是父亲先开了口。他说："孩子，我和你娘虽然能看见了，你却变得老多了。这都是我们拖累得呀！"

郯子赶紧对父母安慰道："爹，娘，你们千万别这样说。只要你们好好的，无论吃多少苦，儿子心里也高兴！"

百里负米孝双亲

春秋时期，有一个叫仲由的人，是孔子的得意弟子，他生性淳厚，非常孝敬父母。

仲由从小家里就很贫穷，因为没有钱去买食物，所以他和父母常常吃些很粗劣的饭菜，那些菜都是从野外挖回来的，有的还带着浓浓的苦味呢！可是，仲由和父母没有办法不吃野菜，否则就只能饿死。仲由觉得自己吃野菜没关系，但怕父母营养不够，身体不好，很是担心。

仲由每看到父母吃饭时难受的样子，伤心得眼泪掉了下来，于是他就想办法到别的地方去找点粮食，好让父母吃。

有一回，卞州粮价飞涨，而家里已经没有他勉强糊口的粮食。仲由听说有个地方的粮价比较便宜，却和卞州相距百里，就独自离家步行到那个地方，买了米后又用肩膀扛着米袋赶回家来。

他经常跑到百里之外的地方行乞求借，弄到一些大米背回来。这种大米做出的饭特别香，子路的父母以前从未吃过。

哪知仲由的母亲吃过了这种大米以后，觉得味道香极了，再也不想吃以前的小米饭了。可是这种米当地还没有卖的。仲由为了满足母亲的愿望，就不畏辛苦，一次次跑百里的路去陬邑买大米，然后背回来。

路途实在太遥远了，还得翻山越岭，仲由每背一次大米，就会磨破脚板，回到家里，脚都肿得不能走路了。可是为了能让父母吃到米，不论寒风烈日，他把都不辞辛劳地跑到百里之外买米，再背回家。

冬天，冰天雪地，天气非常寒冷，仲由顶着鹅毛大雪，踏着河面上的冰，一步一滑地往前走，脚被冻僵了，抱着米袋的双手实在冻得不行，便停下来，放在嘴边呵口气，然后继续赶路。

夏天，烈日炎炎，汗流浃背，仲由都不停下来歇息一会，只为了能早点回家给父母做可口的饭菜；遇到大雨时，仲由就把米袋藏在自己的衣服里，宁愿淋湿自己也不让大雨淋到米袋。

父母看到儿子这么辛苦，劝他说："儿呀，以后别去那么远的地方了，你这样辛苦，叫我们怎么安心呢？而且路途遥远，万一你有个三长两短的，叫我们怎么活啊！"

仲由笑着安慰父母说："你们不用为我担心，我没事的，休息一两天就好了。而且我对那些路都比较熟悉，不会出事的，所以你们一定要自己保重身体，别叫儿子担心才对。"

父母流着泪，默默地点头答应了。

邻居们看到仲由这么孝顺，都纷纷称赞他，而且还以此来教导自己的孩子，希望自己的孩子也能像仲由一样，做一个孝顺的好孩子。

老莱子戏采娱亲

老莱子，春秋时期楚国人，他的生平众说纷纭。《史记》怀疑老莱子就是老子，但是历史上并不可考，所以他真正的名字没有人知道。

虽然已经到了古稀之年，老莱子待父母仍事事体贴入微，关心备至。老莱子生性非常孝顺，他把最可口的食物和最好的衣物、用品，都用来供养双亲。生活点点滴滴，尽极关怀照顾，非常体贴。父母亲在他无微不至的照料下，过着幸福安乐的生活，家里充满祥和。人如果能在晚年安享天伦之乐，这样的人生是多么地有价值意义，多么令人欣慰。

虽然已经年过七十，为了让父母生活得快乐和开心，他千方百计逗老人发笑，可以说是用心良苦。

在孝顺父母的方式上，老莱子也与众不同。有一次，他特别挑了一件五彩斑斓的衣服，非常艳丽。就在父亲生日的那一天，他身着这件衣服，装成婴儿的样子，在父母面前又蹦又跳地跳起舞来。一边嬉戏玩耍，一边迈动轻盈的舞步，真像是童心未泯的老头儿，特别可爱，引得父母嬉笑不止，使他们觉得自己也年轻了。

一天，厅堂旁边刚好有一样小鸡，老莱子一时兴起，就学老鹰抓小鸡的动作，来逗双亲高兴。一时鸡飞狗跳，热闹不已。小鸡一颠一颠地到处跑，特别地可爱。而老莱子故意装成非常笨拙的样子，煞费苦心，而又无可奈何。

看到这番情景，双亲笑得合不拢嘴。

为了让父母在生活上有喜悦的点缀，在日常生活中，他经常会出一些点子，逗父母欢乐。

有一次，他挑着一担水，一步一晃地经过了厅堂的前面。突然，"扑通"一声，做一个滑稽的动作，假装跌倒了。躺在地上学着婴儿呜呜娇哭的样子，两位老人慌忙去扶他，连忙问他："摔着了没有？"他却一下子跳起来。父母明白了他的用意，都哈哈大笑起来。

"这个孩子真是养不大，拿他一点办法都没有。"母亲在一旁笑说着。

年纪大的人眼睛昏花、耳朵不灵，行动更是不便，老莱子就在家里扮演一个快乐的丑角。他并没有把自己当成是年纪大的人，在父母面前，他永远都像小孩子那样活泼可爱。

孟子说："仁孝之人终身仰慕父母。"楚人老莱子就是这样的大孝之人。有人言称老莱子为取乐父母有过分做作之嫌，但这是他一片至纯孝心使然。

闵损芦衣感继母

闵损生在春秋时期，在他很小的时候，他的生身母亲就因为一场大病而去世了。后来，闵损的父亲又娶了一个妻子。

开始，继母对闵损还过得去，自从她连生了两个儿子以后，对闵损就越来越不好了。转眼间，寒冷的冬天到来了，大雪纷飞，北风呼啸。继母的亲生孩子都穿上了厚厚暖暖的棉衣，而闵损穿的破衣服里只塞了一些他自己捡来的芦花，寒风一吹，冷得他直打哆嗦。但懂事的闵损宁愿自己受冻，也没有把这些事儿告诉父亲，他不想让父亲为自己操心。

有一次，父亲要出远门，他让闵损弟兄三个帮他驾御马车。数九的天气，特别冷，西北风呼呼地刮着。闵损的芦花棉衣哪儿能挡得住呢？

父亲一看，弟兄三个同样干活，弟弟们热得直冒汗，闵损却冷得瑟瑟发抖。于是惊诧地问："你怎么啦？怎么连绳子都拿不住？"

闵损低声回答说："父亲，对不起，我实在是太冷了。"

父亲有点生气，他走上前把闵损拉下车来，想问个究竟，一不小心，把闵损的衣服扯破了，芦花散乱地飞了出来。

父亲惊呆了，这才明白儿子为什么会拿不住绳子，原来是继母虐待自己的孩子，所以他很生气。父亲沉痛地责备自己："啊，闵损在受冻，我干了些什么呀！"

在父亲的再三逼问下，他才说出了继母对他的种种举动。

父亲听后非常震惊，又非常愤怒，说："儿子，父亲对不起你呀！"

回到家中，父亲把继母叫出来，指着闵损身上的破芦花棉衣说："你不仁不贤，让我的闵损天天在挨冻！怎么配作孩子们的长辈？要你这心眼儿不好的妇人干什么呢？"说着到桌子前拿起笔就要写休书。

闵损心中十分不安，慌忙跪在父亲的面前，哭着哀求说："父亲，你不能这样做！继母要是还在，最多就只有我一个人受点苦；可要是继母走了，那么我和弟弟三个人都会失去母亲，变得孤苦伶仃，都要受苦挨冻了！那样，不是更加糟糕吗？请你别这样做，好吗？"

闵损的父亲听了，叹了口气："唉！想不到我的闵损是这样善良！"

闵损哭拜在父亲面前："父亲如果不肯原谅母亲，是闵损造成父亲嫌弃母亲，终归都是闵损不好，闵损向父亲请罪了！"

继母在一旁听了闵损这些话后，内心十分惭愧，一把抱住闵子骞痛心地失声哭了起来。她跪着对丈夫说："夫君，对不起，都是我的错！今后我一定会把闵损当亲生儿子看待，请原谅我一次吧！"

闵损的父亲这才重重地叹了口气，原谅了妻子。

从这以后，闵损的继母被善良的闵损所感动，果然痛改前非，她待闵损比亲生儿子还要好，处处关心、体贴、照顾他；闵子骞也更加尊敬母亲。这个家庭开始拥有了和谐、欢乐的氛围。

蜂山割蜜孝奉母

卞庄子出生在春秋时代的鲁国卞邑，他不仅是一位英勇的壮士，而且还是一位德行很高的人。没有出外做官的时候，卞庄子家住在卞桥东北十几里的蜂王山下。

蜂王山上，有一窝非常大的蜂群，它们经常成群地到窝外袭击人畜，人们惧怕蜂蜇，都不敢上山打柴、打猎。

一次，卞庄子的母亲得了重病，疾病折磨得老人饭吃不香，觉睡不着。母亲得病后，急坏了卞庄子，他天天伺候母亲，在病榻前喂水喂药，端屎端尿，从不厌烦。还想尽一切办法为母亲做好吃的。老人在卞庄子的精心照料下，病痛减轻了许多。

一天，卞庄子到母亲床前问安："母亲，今天您想吃点什么？"

"娘的嘴总是觉得苦，想吃点甜的！"母亲有气无力地说。

卞庄子为难了："方圆数里，只有蜂王山蜂巢里的蜜是甜的，别的食物都不甜，怎么办呢？"

"既是这样，我儿就不必发愁了！"母亲躺在床上安慰儿子说："我只不过说说而已，其实不吃也行。"

卞庄子立即从母亲床前站起来说："娘，您放心，孩儿一定给您割来蜂王山的蜂蜜，让您老人家吃到！"说罢，扭头就走了。

"不！孩子，你不能去！"母亲从床上伸出瘦骨嶙峋的手来制止儿子。

"我听说，蜂王山的蜂可毒啦，你要被蜇坏的！"

卞庄子安慰说："母亲放心，孩儿晓得，我一定要弄来蜂蜜！"说完，就背上筐子，拿起柴刀，不顾一切地向蜂王山冲去，荆条划破了他的手指和衣衫，他全然不顾。进了蜂王山，一个硕大的蜂巢附在山石上，群蜂铺天盖地向卞庄子袭来。

卞庄子扑通跪倒在山坡上："尊敬的蜂王啊！请可怜可怜我病重的母亲吧！她想吃点蜂蜜！"群蜂像是听懂了卞庄子的话似的，向四面八方飞散而去。

卞庄子连连道谢："谢蜂王殿下赏蜜！"他从腰间拿出柴刀，从巨大的蜂房里割了一块蜜，然后离开了蜂巢。

卞庄子到家的时候，天已经黑了。母亲正惦记着儿子的安危，没想到他平安回来了。

卞庄子一进门就说："妈！我去了蜂王山，向蜂王为您讨了蜜，您快吃一点吧！"他用汤匙为母亲舀了一勺蜜，送到母亲嘴里，母亲吃在嘴里，甜在心里。蜂蜜滋补了母亲的身体，母亲的病渐渐好了。

卞庄子不顾危险为母亲割蜜的故事在泗水卞桥一带流传下来，他赢得了人们的尊敬。

尽孝行掘地见母

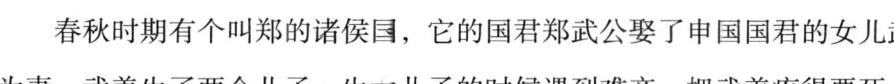

春秋时期有个叫郑的诸侯国，它的国君郑武公娶了申国国君的女儿武姜为妻。武姜生了两个儿子，生大儿子的时候遇到难产，把武姜疼得要死，好

不容易才把他生下来，可武姜也只剩半条命了。所以武姜不喜欢这个孩子，给他取名叫寤生，就是难产的意思。

后来武姜又生了个小孩，这次武姜没有受到什么痛苦，所以很喜欢这个孩子，给他取名叔段。

郑武公死后，寤生顺理成章地登上了国君的宝座，他就是郑庄公。

郑庄公刚即位，武姜就要他封个大城市给叔段，郑庄公没有办法，只好把京封给了叔段，从此叔段就被称为太叔，大臣祭仲进谏道："京这个城池比国都还大，按理是不能封给庶子的。"

郑庄公很无奈说："母亲非要我这样做，我有什么办法？"

叔段在京城生活了20多年，渐渐长成一个文武双全的青年。他知道母亲疼爱自己，武姜也经常唆使他篡位，于是起兵造反。没想到技高一筹的郑庄公早有准备，一举击败了他。叔段像条丧家之犬到处乱逃，最后走投无路，自刎而死。

郑庄公平定叔段叛乱后，追究责任，发现一切都是母亲唆使的。他一气之下就把武姜迁到颍城居住，还发誓说："不到黄泉，我绝不和母亲相见！"

可过了一年多以后，郑庄公后悔了。他对武姜感情还是很深的，当时只是一时冲动而已。他想起母亲虽然不喜欢自己，但在没有叔段的时候还是对自己不错的，再说母亲是冒着生命危险把自己生下来的，一想到这些郑庄公就忍不住流泪。

可是自己已经以一国之君的身份发过誓，怎么能食言呢？他很矛盾，但对母亲的思念一天比一天深。

颍谷有个地方官叫颍考叔，是个很聪明的人，他已经看出了郑庄公的意思，不过也不好明说。

一次，郑庄公留颍考叔吃饭。这时，厨师送来了一大盘清蒸羊肉摆在餐桌上，庄公就叫内侍割下一大块羊腿上的肉，赐给颍考叔吃。考叔没有动筷子，却用刀切下其中一块最好的肉，再拿纸包起来，放到了袖子里面，说要带回家给老母尝尝。

庄公听后，觉得颍考叔是个孝顺的人。不禁心中有所感触，就很凄凉地说："你还有老母亲可以孝敬，有肉食可以送给她吃，多好啊！我却做不到了。"

颍考叔装作一副奇怪的样子问道："国君不是有母亲健在吗？为什么不能像我这样呢？"

郑庄公叹了一口气说道："唉，你又不是不知道我那个糊涂母亲，做什么不好，偏偏帮我弟弟造反。我一气之下就发了誓，说不到黄泉不相见。现在我想孝敬母亲，可又怕违背誓言遭报应。你看怎么办？"

颍考叔笑笑说："这还不简单，您当初说'黄泉相见'，那么为什么不在地底挖一个隧道呢？只要挖到黄泉涌出，有了泉水就好。然后把你母亲带到里面，你再进去见她。这不就是在黄泉里面相见吗？你们母子在隧道里相见，谁又能说您违背了誓言呢？"

郑庄公茅塞顿开，马上照他的话去做，派人挖了一个大隧道，最后终于在地道里见到了母亲。

武姜早就过够了被软禁的生活，在离开国都的这段时间里，也觉得自己很对不住儿子，她也对自己的行为感到后悔。这次见郑庄公这么孝顺，母子二都非常高兴。于是母子二人抱头痛哭，和好如初。

穆姜育子尽母职

李穆姜婚后生了两个儿子，这本是件令人高兴的事，可是丈夫程文矩（西汉时期安众县令）的亡妻留下的四个孩子却与继母愈加疏远了。

天气冷下来了，寒霜铺满了大地，李穆姜把儿子们叫来，拿出亲手做的棉衣给他穿上，看着被棉衣裹着的花团锦簇一般的儿子们，她感到欣慰和满足。

就在这时，老二程旺看看李穆姜亲生的两个儿子身上的棉衣，三下两下把衣服扒下来摔到继母的面前，说："这是什么颜色？难看死了，我才不要呢！"

她柔声地对程旺说："旺儿，这种颜色你穿了才好看呢，再合适你不过了。"程旺冷笑一声，指着两个弟弟的棉衣说："我就喜欢黑的、蓝的。"李穆姜说："傻孩子，他们的里子和棉花都是旧的呀。"

程旺没有理会母亲，冷冷地说："你偏心。"

李穆姜难受极了，留下委屈的眼泪。邻居郝婶来了，见李穆姜满面愁容，问清楚了是怎么回事之后，她说："把这四个孩子分开去住，也许会好一些。"

李穆姜回答道："文矩赴任在外，把儿子托付给我。我是他的妻子、孩子的母亲，抚养教育儿子是我的职责。若是把四兄弟分开去住，倘若有长短，我怎么向他交代？我又怎么对得起孩子们死去的母亲呢？"

郝婶点头，表示赞同。于是，她把四个孩子叫到厅堂，告诉他们："你们几个小淘气，错怪你母亲了！你们仔细看，这里面的衬布都是用旧布料拼拼凑凑做的，新布都给了你们。要说你母亲偏心，我看就偏到你们身上去了。你们想想这样做对得起她吗？"一番话说得兄弟几个低下脑袋，面带愧色。

初春时节，老大程兴生病了。李穆姜急得团团转，饭也吃不下，觉也睡不香，不分白天黑夜，守候在儿子身旁。

一天深夜，程兴突然四肢抽搐不停，口里直吐白沫。李穆姜急得眼泪直流。她要再去请郎中。刚出门，就遇上倾盆大雨。她撑着伞，泥一脚、水一脚，走了几个时辰。

郎中来后先是把脉，接着就扎针。不久，程兴渐渐苏醒过来。他睁开眼睛，看了看郎中，轻声说："谢谢！"郎中回答说："你不要谢我，应该谢你母亲！"他转眼又看李穆姜，深情地喊了声"娘"！

李穆姜做继母七年，第一次听见儿子喊娘，禁不住浑身一阵颤栗，泪水唰唰地滚落下来。

经过一段时间的治疗，程兴的病渐汽车痊愈了。一天，他把三个弟弟叫来，对他们说："继母就是母亲。我们的继母是一位仁慈之母，她对我们完全是一片慈爱之心。我们却不懂得恩义养育之情，就像禽兽一样，我们的过错太深了！"

于是，兄弟几个我们到南郑官府去面陈母亲的懿德，承认自己的过错，请求处罚。县令听了非常感动，赏了一块功德匾，让兄弟几个带回去送他们的母亲。

涌泉跃鲤见孝心

东汉时期，在广汉雒县汛乡（今四川省德阳市孝泉古镇）住着一户人家，户主名叫姜诗。

在他还小的时候，父亲便去逝了，只与母亲相依为命。后来，他娶了雒县名士庞盛的女儿庞三春为妻。

夫妻俩都对母亲孝顺备至，庞氏尤其精心照顾，给婆婆打洗脚水，捶背揉肩，自己也乐在其中，受到了乡亲们的赞赏。

有一天，姜诗的母亲吃完饭后，看儿子媳妇收拾碗筷出门去了，她咂咂嘴自言自语地说："有多久没吃新鲜的活鱼了，它的肉那么鲜嫩可口。不过——"她叹了口气，"可我也知道，哪能吃到新鲜的活鱼呢！"

没想到姜诗耳朵尖，在屋外就听到了母亲的话。于是，他干完地里的活儿后，有空就跑到河边去钓鱼，即使走很远很远的路，他也必定钓几条鲜鱼回来。

新鲜可口的鱼做好后，他们不仅让母亲吃得有滋有味，有时还会叫邻居的老人一起过来吃饭尝鲜，所以邻居们都很喜欢这两口子，也对他们的举动赞叹不已。

就这样，这对孝顺的夫妇天天去江边挑泉水，去老远的河边钓鱼，不管是酷暑还是寒冬，他们都照做不误。

一天夜里，狂风大作，雷电交加，下了一夜的雨。第二天早上，庞三春起来经过院子不禁吓了一跳，惊奇地发现地上有一个桶大的窟窿，正汩汩地往外涌着泉水，顺着墙角流出了院外。在泉眼旁边，有两条活蹦乱跳的鲤鱼。

庞氏喜出望外，走上前尝了一口水，清甜可口，和山边的泉水一样好喝，于是她惊喜地叫来丈夫和婆婆，一家人围着泉水又唱又跳，开心极了。

邻居们听到了他们的欢呼声，也拥了过来，他们看着这种奇异景象，都惊叹不已。年长的人说，一定是天上的神仙被姜诗夫妇的孝心感动了，所以暗中帮助他们呢。从此，每天早上都会从泉眼里跃出两条肥大的鲤鱼，供给姜诗夫妇做成佳肴来孝养母亲。

有了这股泉水和泉水里的活鱼，姜诗夫妇再也不用每天那么辛苦去挑水或钓鱼了，他们有时间去干别的事情，这样生活慢慢地好了起来。那眼泉水，也让村里人得益不少哩！

后来，"姜诗孝亲，涌泉跃鲤"的美丽传说，在当地广为流传。

有诗赞曰：

> 舍侧甘泉出，一朝双鲤鱼。
>
> 子能知事母，妇更孝于姑。

小黄香温衾扇枕

东汉时期，江夏安陆（今湖北省孝感市安陆县）有一个小孩名叫黄香，字文疆，是一位很有名的孝子。

黄香小时候，家中生活很艰苦。在他九岁那年，母亲生病去世了。因为母亲不在了，他对父亲更加关心、照顾，尽量让父亲少操心。

时间过得真快，转眼间，一年中最热的夏天又来临了。火辣辣的太阳照在黄香家的屋顶上，屋子里像蒸笼一样，床都被烤得发烫了。黄香想："这么热的床榻，父亲晚上回来后怎么能睡好觉呢？我要想办法，让父亲睡得舒服一点。"

黄香想呀，想呀，终于想出了一个好办法，他从橱柜里找出几把扇子，将一把扇子放在枕头旁边，让父亲睡觉觉得闷热时可以摇扇取凉。然后他放下蚊帐，拿起另两把扇子，对着发热的席子扇了又扇，一直扇到席子转凉为止。摸着凉凉的席子，黄香高兴地自言自语地说："太好了，爸爸今晚睡觉时一定会觉得很凉快，也能睡个好觉了！"

到了冬天，北风呼啸，天气好冷好冷。黄香家的旧屋子就显得更加冰冷了，床上的棉被冻得像铁板一样，摸着都寒心呢。黄香晚上读书时，感到特别冷，捧着书卷的手一会就冰凉冰凉的了。他想，这么冷的天气，爸爸一定很冷，他老人家白天干了一天的活，晚上还不能好好地睡觉。想到这里，小黄香心里很不安。

"怎么办呢？我不想让父亲睡在这么冷的被窝里，"黄香自语道，"我一定要想办法来提高被窝里面的温度。"

由于家里很穷，没有钱买木炭，而木柴也不多，所以不能依靠外界的力量，唯一的办法就是靠自己。黄香想了又想，突然一拍大腿，说："有了！"

为让父亲少挨冷受冻，他读完书便悄悄走进父亲的房里，给他铺好被，然后他脱下自己的外套和棉裤，钻进父亲冰冷的被窝里躺着，用自己的体温，温暖了冰冷的被窝，尽管自己冷得浑身颤抖，也没有退缩。就在黄香温被子的时候，父亲回来了，他惊奇地看到儿子的嘴唇发紫，浑身在颤抖不已，忙着急地问："孩子，你怎么了？"

黄香声音发颤地回答说："父亲，我没事，因为被子太冷了，所以我要先温温床，好让你睡个好觉，你每天劳作，太辛苦了！"

父亲听了这话后，泪水悄悄地流了下来，呜咽着说："你真是我的好儿子！"

东汉孝子黄香温席扇枕的故事，千百年来被华夏儿女传为佳话。

陆绩怀桔遗母亲

三国时吴郡吴县（今属江苏苏州）有一个叫陆绩的孩子，由于家道中落所以很穷，可是他很懂事，知道孝敬父母。

陆绩的父亲陆康曾任过庐江太守，与诸侯袁术有过来往。陆绩六岁的时候，有一次，曾随其父到九江袁术家里作客。袁家是著名的富豪世家，尽管陆康已经落魄，但袁术还念着与他的一段旧交情，于是拿出一盘橘子来招待这个小客人。

陆绩有礼貌地尝了一个，觉得这橘子酸甜适当，非常好吃。这时他想起自己的母亲非常喜欢吃这样的橘子，只是家里今非昔比穷得买不起水果了，他就很想带几个给母亲吃，可是这是在别人的家，张口向别人要总不太好吧？怎么办呢？小陆绩趁袁术没注意时，当了一回小偷，偷偷地往衣袖里藏了三个新鲜的橘子。

陆绩在袁术家没呆多久，就准备回家了。临别前，他弯腰作揖向袁术辞别，突然三个桔子从他的衣袖里蹦了出来。

陆绩看着滚落在地上的橘子，脸色涨得通红，一时不知所措，呆呆地站在那里，捡也不是，不捡也不是。

袁术看着蹦出来的橘子，半玩笑半认真地说："陆郎，你作为宾客，怎么还把橘子揣进怀里去呀？你是不是觉得这橘子太好吃了，所以还要偷带几个回家啊？"

陆绩听后，慌忙跪在地上说："世伯！我不是因为贪吃才这样做的。因为我的母亲非常喜欢吃橘子，可家里买不起，所以我想拿几个回去给母亲尝尝，她已经很久没有吃过这样的好橘子了。我错了！实在对不起！"

袁术听后，诧异地说："哦，原来你是'偷'橘子献给母亲呀，真是一位很难得的孝子！你母亲也会为有你这样的儿子而感到自豪的。不过，可不许偷偷带哦，想要橘子就直接对我说嘛，偷着带可不是一种好的行为。"

陆绩听后，说："您说得对，我以后不会做这样的事了。谢谢您！"

于是袁术叫下人给陆绩准备了一袋橘子，让他带回家去了。

陆绩怀橘敬母的行为传开后，被人们传为美谈，后来便成了一个典故。陆绩这位正人君子，在母亲的教育下熟读诗书，长大后博学多才，学养深厚，成为当时江东的杰出人才之一。

荀灌解父忧突城

荀灌，西晋颍川临颍（今河南临颍县）人，是我国古代智勇双全的女英雄。她13岁时，便做出了一件惊天动地的大事情。

　　苟灌的父亲苟崧，是襄阳太守。他在任上很爱戴老百姓，同时也得罪了一些人。部下杜曾对苟崧不满，为报私仇，经过一番密谋策划，发动了一场叛乱。

　　杜曾突然带领重兵包围了襄阳城，扬言破城之后要杀掉太守苟崧，还要杀尽那些忠于太守的人。苟崧公正无私，为官清廉，深受襄阳老百姓爱戴，他们和守军一起拼命抵抗。杜曾每天指挥部下攻城，死伤无数，仍不罢手。双方对峙日久，城里粮草一天比一天减少，守城的军民死伤人数一天比一天增多。苟崧心急如焚，焦急得如同热锅上的蚂蚁。他突然想起了老朋友、平南大将军石览。石览手下兵强马壮，若向他求救，定可把叛军打退。但是石览的军队远在鲁阳山，派谁去突围送信呢？

　　苟崧想来想去找不出一个合适的人，又询问文武官员，但都不敢自告奋勇。苟崧更是焦急。这时，苟崧的独生女儿苟灌站出来要求担当此任。这位孝勇双全的"巾帼小英雄"，看到文武官员平时只知享受俸禄，危急时却不敢为国冒险，甚至贪生怕死，感到非常气愤！尤其是看到父亲焦虑万分，决心替父分忧，援救襄阳城，便鼓足勇气向父亲请缨，愿意突围求救。

　　城内文武官员听了苟灌的话，都吓一跳，赶快上前阻止说："像这样关系到襄阳城存亡的大事，怎能交付一个年仅13岁的小女孩去做呢？"当时苟崧也不放心唯一的小女儿去做如此的冒险，便没答应苟灌的请求。

　　苟灌主意已决，哪有半途而废的道理。当晚，她召集了几十个平常和她在一起舞枪弄剑的志士，瞒着父亲悄悄地从边门出城了。

　　当她们一群人骑马飞奔出来的时候，由于是在深夜，叛军弄不清敌我，一时混乱起来。苟灌带人乘机冲出重围，虽然追上来一些叛兵，但都被苟灌他们杀退了。

　　苟灌顺利地见到了父亲的好友石览将军，说明来因。石览听后很是惊讶，想不到一个小女孩能如此义勇，大为嘉许，遂整军待发。为了万全之策，石览又向周边武装借了许多士兵，开始浩浩荡荡地往襄阳进发。

荀灌向石览请命为先锋，首先冲向敌阵。杜曾部属一见官兵势大，带头的荀灌又是勇猛异常，于是一窝蜂地逃走了。

荀灌的义勇，解除了襄阳的危难。那些文武官员个个羞愧得抬不起头来，只有荀菘搂着他的小女儿，高兴得不得了，从此不再因为没有儿子而伤心难过了。襄阳守军和百姓，知道了荀灌的孝行和勇敢都赞不绝口。

一个年仅13岁的小女子，羞煞一群男儿躯。荀灌超常的胆识和谋略，不仅替父排了忧，解了难，尽了人女之孝；而且勇猛杀退贼寇，报效西晋王朝，救下黎民百姓，为民立了功，为国效了忠。可谓智勇双全，忠孝两全，实乃巾帼小英雄也！

何子平悉心奉母

何子平，世代居住在会稽（今浙江绍兴），生活在南朝宋时期。

他从小就很有理想，立志报效国家。他父亲原来是个太守，但死得很早，家境早已变得一贫如洗，但是他特别孝顺地侍奉母亲，受到了乡亲邻里的称赞。

他成年后被征召为扬州从事史，每月的俸禄是官府给的一点白米。他自己舍不得吃，总是卖出白米买入粟麦。别人很奇怪，问他："你这样做获利并不多，为何那么麻烦呢？"

子平说："我的母亲住在东边乡下，很难得到白米吃，我怎么忍心独自吃白米饭？"每当有朋友赠送鲜鱼时，如果不能送到母亲家去，那他就不肯接受。

何子平的母亲是父亲的妾，因为户籍注册时将年岁记录得太大了，按当时官场上的规定，母亲到了八十的年龄，儿子就必须在家奉养母亲。于是，何子平便离开职务回到家里。

当时镇军将军顾觊之是州上的长官，对他说："你母亲的年龄实际上未满八十，你原来就知道的，何必一定要离职呢？在州中任职，你还略有俸禄赡养老人啊！我将禀告上司挽留你。"

子平说："官家从户口登记取得凭证，户籍年龄既然已经到了，我就应该在家俸养母亲，为何要以实际年龄未到来说事，来冒取荣誉、利益而宽容自己呢？况且归去奉养母亲，正符合我个人的情感。"

顾觊之又劝他："那么，你就以母亲年老的理由，要求会稽县令照顾你家吧！"

子平说："实际尚未到奉养之年，哪能借此来求得照顾呢？"

看到何子平如此清正的操守，顾觊之更加看重他了。

就这样，何子平两手空空回到了老家，尽自己的全力从事耕作，奉养母亲，维持清贫的生活。

顾觊之果真向上司举荐了何子平。朝廷任命下来，授予何子平为吴郡海虞县令。县里给的俸禄很微薄，他便只用来养他母亲一个人，而他在乡下的妻子、孩子都只能自吃其力而已。有人问他说："你身为县令，怎么那样绝情呢？"

子平说："俸禄本来就应该首先用来养母亲，哪能先顾自己和妻儿呢？"询问的人很惭愧，就摇着头退出去了。

母亲去世后，子平不再担任官职。办理丧事时，他恸哭不止，晕倒许久才苏醒。

何子平安贫守善、敦厉名行，对母亲生前死后孝顺的举动，获得了人们的传扬。

代父死刑孝感人

南北朝时，冯翊郡莲勺县有一个少年叫吉翂（fēn）的少年。吉翂的父亲为原乡县令，是个清廉的县官，但因为被坏人诬陷，被判了死刑。

年仅15岁的吉翂他非常懂事。他知道父亲是被冤枉的，于是跑到官道上拦轿为父亲申冤。在通往官衙的官道上，过往的大官儿的轿子很多。

一有轿子过来，吉翂就扑倒在轿子前："大人，行行好，替我父亲申冤吧！他是个好官儿啊！"说完了，言翂大哭。那哭声让过往的行人听了，心里都很难过。

有一个大官儿终于受理了言翂父亲的案子，却命令他父亲手下原来的一个阴险的小官吏审问他。在残酷的迫害下，他父亲含冤承认了被诬告的那些"罪行"。

吉翂没有办法，他千里迢迢赶到京都，敲响了朝堂门前的鸣冤鼓，表示愿意替父亲去死。

梁武帝萧衍心想，一个少年如此胆大而有主意，是在公开反对朝廷的判决，肯定有人在背后唆使，于是他命令廷尉蔡法度将吉翂严加审讯，要求务必查出他的幕后指使者。

这一天，法官开堂审理，堂下摆满了各种刑具，两旁站着手持棍棒的差役。廷尉蔡法度声色俱厉地喝问："你请求代父去死，皇上已经批准了。你看看这些家伙，难道你真不怕死吗？你只是个小孩子，如果有人教你这么做，如果你说实话，皇上准你改过。"

吉翂毫无惧色，从容沉静地回答说："我虽然年幼无知、很愚蠢，哪能不知道死之可怕？但我怎么能忍心眼看受冤的父亲要被杀呢！所以请求替代父亲去死。这么大的事情，我怎能受人唆使！既然皇上已批准我代父去死，使我有个尽孝的机会，我又有什么可后悔的！我真的很感激，决无怨言。"

廷尉蔡法度看硬的不行，又来软的，装出一副和气样子，继而和颜悦色地欺骗吉翂说："看来你真你是个孝顺的孩子。现在供出来，你父子俩都死不了，那多好哇！只要改变主意，把指使者说出来，你们父子俩就能立即释放回家了。"

吉翂识破骗局，大义凛然地说："我父亲被人诬陷极深，被判处死刑，已写在朝廷的文件上了，不可能被赦免的，一定会被杀头。我只想代替父亲去死，其他的什么想法都没有！你不要浪费口舌了。"

廷尉蔡法度软硬兼施，都不奏效，最后只得动用各种刑具，百般拷打。此时，吉翂已经披枷戴锁，厚重的枷锁和瘦小的身躯相比，让人看上去很不忍心。吉翂忍着剧痛仍不开口。

廷尉蔡法度被吉翂的孝顺、勇敢行为感动了，也很可怜他。下令给他换副小号的枷锁。吉翂不愿意，他说："我是个死刑犯，只应该增加脚镣手铐，哪能减呢？"最后也没有换成。

后来，廷尉蔡法度认真地审查了案情，发现吉翂的父亲果然是冤枉的。廷尉蔡法度把自己了解的案情和吉翂在大堂上的表现如实报告了梁武帝。梁武帝大为惊奇，认为吉翂是个孝顺父母的奇少年，立即颁布圣旨，免了吉翂父亲的死刑，放出了吉翂父子。

庾道愍万里寻母

庾道愍是南北朝时候的人。在他还不会走路的时候，父亲就去世了，剩下孤苦伶仃的母子二人相依为命。偏偏祸不单行，道愍刚两岁，他的家乡暴发了一场洪水，无情的波涛卷走了他的母亲。

好心的邻居们轮流把他接到家中，今天你给一碗饭，明天我送一件衣，好不容易才把道愍养大。他心里始终存有一线希望：母亲很有可能在某个地方被人救起来，现在仍然恬着。

终于有一天，一位年年往南方贩布的邻居跑来告诉道愍，说他曾经在交州（在今越南的河内）的一个集市上见到过一位妇女，长得像道愍的母亲。只是当时集市上相当拥挤，他还没顾上搭话，就再也看不到那位妇女的身影了。道愍听了这一消息，立刻暗暗地下定决心：长大以后，一定要到交州去寻找母亲！

25岁的时候，乡亲们推举道愍到官府中任职。别人都希望在家乡的附近找个差事，道愍却表示愿意到外地去做官，并主动要求到广州绥宁府（今广东增城）担任副将。当时，两广一带还是所谓的"南方荒蛮之区"，一听有人愿意到那里去任职，官府当然高兴，立刻就答应了道愍的请求。

道愍满怀希望地踏上了南下的旅途。可是，等他到了绥宁以后，他才知道从绥宁到交州还有很长的一段路程。两年以后，道愍放弃了升职的机会，辞去了官职，带着所有的积蓄，继续往南行进。

经过长途跋涉，越过了千山万水，道愍终于到达了交州，并很快地找到了邻人所说的那处集市。他四处打听，几乎问遍了集市上所有的店铺，始终没有人为他提供确切的消息。尽管如此，道愍也从未丧失信心，始终寻觅母亲的踪迹。

一天，道愍正在赶路，忽然下起了大雨，他急忙躲进一个山洞避雨。他刚进山洞，就看到远处有一位老妇人背着一大捆柴禾艰难地朝山洞走来。道愍急忙跑出去，把她扶进了山洞，并帮她卸下背上的柴禾。

就在这时，道愍忽然感觉到他似乎在很久以前就认识这位老妇人。儿时的记忆就像被点着了的火把一样在他的脑海中燃烧起来，越烧越亮。他再也憋不住了，突然问道："老妈妈，你是不是庾道愍的母亲？"老妇人一听，像是吃了一惊，她急切地说："年轻人，我没听清楚，请你再说一遍！"道憨连忙又问了一遍。

这时，老妇的脸上露出了又惊又喜的神情，她注视着这个面色黎黑、风尘仆仆的年轻人，使劲子点头说："我正是庾道憨母亲．你是……？"

道憨一听，"扑通"一声跪倒在地，一边流泪一边说："娘啊，我就是道憨啊！我总算把娘找到了！"说完，母子二人抱头痛哭。过了一段时间，母子二人停住了哭声。

这时，外面的雨也停了。

母亲把道憨带到自己所住的草棚里，向他讲述了自己在洪水中逃生然后无奈漂泊到此的经历。

不久以后，怀着满腔的喜悦，道憨陪同母亲一起回到了阔别已久的家乡，从此过上了幸福、安定的日子。

吴冯氏感化婆婆

明朝的吴子桂家里十分贫苦，母亲很早过世，留下兄弟三人与父亲相依为命。后来，父亲娶张氏为妻，可张氏却是一个性格暴躁，又喜欢辱骂人的人，对兄弟三人也不能善加照顾。

吴子桂到了婚龄时，娶一位姓冯的女子为妻。冯氏自小孝顺父母，勤劳善良，不但性情温和，为人又通情达理，倍受邻居们的赞赏。

待冯氏嫁到吴家后，很勤苦地操持家务，不论寒暑，每天都早早起来烧火做饭、洒扫庭除。虽然很辛苦，吴冯氏却从未叫过苦，尽心照顾婆婆，不仅三餐尽量做好吃的饭食奉养婆婆，每晚，还为婆婆端上洗脚水，给婆婆泡脚、按摩，方方面面尽量给老人家最好的照料。

虽然吴冯氏如此孝敬，婆婆张氏却对吴冯氏很是挑剔。由于张氏原本性格就急暴易怒，因此稍有不顺意，婆婆便会大发脾气，横眉瞪眼地辱骂、训斥她。而时常，婆婆骂的话还很不入耳，连左邻右舍都听不下去。

每日，婆婆难有好脸色对吴冯氏，时常阴沉着脸，令人畏惧。可即便如此，吴冯氏也未有丝毫埋怨不满，对婆婆的挑剔、虐待，都一一顺承下来，还很耐心地安慰婆婆，极力让婆婆顺心、满意。

后来，吴子桂的两个弟弟，也相续娶了妻子，然而，婆婆张氏对这两位媳妇也很不好，不是看这个不顺眼，就是看那个不合意，总要找一些事来教训她们。过了些日子，两位弟媳实在是受不了了，觉得这样的日子没有终期，就生起了轻生的念头，相约着要去上吊自杀。

幸得吴冯氏平日一直关心照顾两位弟妹，当发现弟妹们要自尽时，马上给予劝解安慰，使她们不要轻生。苦口地劝解她们说："嫂嫂知道你们心里很苦，很委屈，只是也不该那么傻，寻短见啊！家里还有那么可爱的孩子，怎么忍心丢下他们呢？"

"如今，婆婆年纪也很大了，身子骨又很不好，脾气大一些也是难免，我们不要往心里去就好了。想婆婆，年纪轻轻嫁过来，就要照顾三个孩子，家里又穷苦，有上顿没下顿，婆婆整日忙里忙外，却连饭也吃不饱，跟着挨饿受冻，实在说也很不容易啊！况且到老了，她还仍没有自己的骨肉，她心里也苦啊！"

"再说，你我也都有老的时候啊！到老了，不也希望儿女能孝顺吗？人家说，对待老人，就要像对小孩子一样。孩子天天哭闹，我们也不曾嫌弃，还会耐心哄他照顾他。现在，婆婆也不过发些脾气，我们又怎么不能顺承呢？只要我们能尽到媳妇的本分，她老人家虽然嘴上不说，心里也会感到安慰的。终有一天，婆婆也是会感动的……"

如此，吴冯氏很委婉曲折地劝解了一番，使两位弟媳都放弃了自杀的念头，也受到吴冯氏的感化，愿意与她一同尽孝。

从此之后，三位媳妇齐心协力，对婆婆尽心侍奉，不论张氏如何打骂，她们仍一心做好自己媳妇的本分，照顾婆婆，没有半句怨言。

婆婆张氏在三位媳妇的至诚孝敬下，渐渐也悔悟了，生起了很大的惭愧心，也流下了后悔、感动的眼泪。

此后，婆婆对三位媳妇，一改往常态度，像对自己的亲生女儿一样，不但不再辱骂，还对她们关怀有加，吴家从此一片和乐，家风重振。

捐肾救母

65岁的刘玉环患上了晚期尿毒症，38岁的儿子田世国毅然为母捐肾，延续母亲的生命，演绎了一段当代孝子的佳话。

2004年3月，一份诊断书令这个平静的家庭"黑云压城"：65岁的母亲刘玉环被确诊为尿毒症晚期，生命岌岌可危，只有换肾才有可能活下去。

这个消息令在广州当律师的儿子田世国难以接受。38岁的田世国是家中长子。他在征得妻子同意后，把弟弟、妹妹叫到一起，决定献肾给母亲。没想到刚生完孩子的妹妹和心脏不好的弟弟，都争着要用自己的肾脏来挽救母亲的生命。

妻子的开明大度与弟弟妹妹的支持令田世国非常感动，也坚定了他拯救母亲的信心。但是，他明白，做肾移植手术最大的困难不是资金，也不是妻子，而在于母亲：视儿女为生命的母亲，绝对不会接受自己儿子捐献的肾脏。

田世国的担心是对的。主治的复旦大学附属中山医院泌尿外科朱教授清楚地记得，田妈妈坚决拒绝子女捐献肾脏。她说，如果孩子捐献肾脏让我这个老太太活，我还不如跳楼！

唯一的方法就是"欺骗"母亲。田世国和弟弟妹妹一起，为母亲编织善意的谎言：有个死刑犯愿意捐献肾脏。

9月22日，田世国来到上海中山医院为肾脏移植手术做血型配型测验，结果是配型与母亲完全符合，可以为母亲做肾移植手术。

9月23日下午，田世国对母亲谎称：医院来电话了，有3个适合你的肾源，让你去再配一下型，如果合适就换；并把高达20万元的手术费说成了6万元。田妈妈爽快地答应了做手术。

手术比较成功，田妈妈第二天就可以说话了。泌尿外科朱教授至今都非常感动："可怜天下父母心，很多捐献肾脏的都是父母给子女，至少90%以上。我从医15年来从没见过子女给父母的，太了不起了。如果能有更多子女这样做，很多父母的生命就能延续了。"

2004年度"感动中国"人物评选组委会授予田世国的颁奖辞说道："'谁言寸草心，报得三春晖？'这是一个被追问了千年的问题。一个儿子在2004年用身体做出了自己的回答，他把生命的一部分回馈给病危的母亲。在温暖的谎话里，母亲的生命也许依然脆弱，但是孝子的真诚已经坚如磐石。田世国，让天下所有的母亲收获慰藉。"（来源：人民日报海外版）

带着母亲去上学

"在贫困中，她任劳任怨、乐观开朗，用青春的朝气驱赶种种不幸；在艰难里，她无怨无悔，坚守清贫，让传统的孝道充满着每个细节。虽然艰辛填满四千多个日子，可是她的笑容依然灿烂如花。"这是2011年孟佩杰获评"感动中国"年度人物时，组委会给予她的颁奖辞。

简短的文字，感人的事迹，打动了许多人。然而在孟佩杰眼中，一切都是本分。养母刘芳英就是她在这个世界上最亲近的人，无论何时何地她永远想着养母，从未替自己考虑过什么。一次同学过生日请吃饭，她舍不得喝饮料，就把自己那瓶悄悄地装起来，找了个借口提前离开，急匆匆地跑回家给养母喝。一次看电视里播放红烧肉片断，刘芳英无意间说了句"红烧肉肯定很好吃"，孟佩杰却深深地记在心里。那年暑假，她几乎每天都冒着三十八九度高温在大街上发传单，奔波近两个月挣了1320块钱。

拿到钱她做的第一件事就是买了母亲最爱吃的红烧肉。看着冒着热气的肉和晒得黑瘦的女儿，刘芳英泪流满面。一次一位记者姐姐给她买了一份肯德基，尽管听同学说肯德基好吃，但想到妈妈也没吃过，佩杰就把肯德基带回家，骗妈妈说自己已经吃过了，看着妈妈一口口地把肯德基吃完。"虽然自己没吃，但心里觉得很香很甜。"佩杰对此很是满足。

十几年来，佩杰撑起了整个家，但她却从未因照顾母亲而耽误过学业。为了不迟到，她通常早上6点不到就起床，有时安顿好母亲之后来不及吃早饭就啃着冷馒头，匆忙骑自行车去学校。在同学们的印象中，孟佩杰总是来去匆匆，无论她什么时候都是小跑着，一路小跑去上学，一路小跑回家照顾养母。

孟佩杰初中毕业后，刘芳英的病情突然恶化，导致最终瘫痪，完全丧失了自理能力。还未成年的孟佩杰看着家里和妈妈的现状，毅然放弃读高中上大学，选择了可以走读就近照顾妈妈的临汾学院隰县基础部学习。按照学校的安排，两年后孟佩杰还必须到临汾学院（总校）再接受三年教育。一边是充满无限憧憬的未来，一边是躺在床上的母亲，不足20岁的孟佩杰犯了难。苦恼了很久之后，孟佩杰最终决定背着母亲去上学。

她在学校附近租了间房子，向学校申请了走读。一间不足十平方米的小屋，一张单人床，一张小课桌，其他的就什么都放不了了。学校，家，上课，照顾母亲，她每天都安排得满满当当，有时晚上照顾好母亲后已经是九十点钟，她方才有时间趴在小桌上复习功课，有时看着书趴在那就睡着了……

眼下，她就要毕业了，谈及接下来的打算，孟佩杰规划得很清晰，"我想当一名老师，从事教育工作。这样比较稳定，也有时间照顾我妈。"

命运对她很残忍，她却以微笑回报这个世界。她稚嫩的肩膀，担起了家庭的重担，担起了母亲心头的沉重；她纯真而善良的眼神，散发着青春的坚毅与倔强，传递着不屈的精神和生活的希望。

而她只淡淡地说："我只做了一个女儿该做的事。"还有什么比这种平静来得更有力量？"孝女当家"，她撑起了母亲头顶的那片天，更担起了中华儿女对孝道的期许，她还年轻，但却用几千个日日夜夜的坚守，向我们书写了大大的"人"字。（来源：人民网）

孝子教师陈斌强

浙江省磐安县的普通语文教师陈斌强，五年如一日，用一根布带将患有老年痴呆症的母亲绑在身后，骑着电瓶车上下班，每周往返于30多公里的山路。

2012年度"感动中国"人物评选组委会授予陈斌强的颁奖辞说道："小时候，这根布带就是母爱，妈妈用它背着你。长大了，这布带是儿子的深情，你用它背着妈妈。有一天，妈妈的记忆走远了，但爱不会走远，它在儿女的臂膀上一代代传承。"

1983年9月的一天，磐安县安文镇后坞村，陈斌强和姐姐、妹妹得到一个噩耗：父亲遭遇车祸，不幸辞世。那一年，陈斌强才7岁。父亲走了，陈斌强是家里唯一的男子汉，从那以后，他就立志用自己的肩膀，承担起这个家的重担。

时间飞逝。2007 年，母亲患上了老年痴呆症。医生的话更是让陈斌强觉得五雷轰顶："这种病目前没有特效药，并且是不可逆的，也就是说，情况只会越来越糟，而且病人的存活期一般不会很长。"看着苍老痴呆、生活完全不能自理的母亲，他的心都空了。

此时，陈斌强的姐妹都已远嫁他乡，家中还有一个年迈的奶奶，难道就这样让母亲孤独老去？决不！当时在冷水镇中心学校教书的他做了一个决定，不能扔下母亲不管："妈，儿子背着您教书去！"

可是难题接踵而至，怎么带母亲到学校？母亲随时会大小便失禁，坐公交车不现实。陈斌强有一辆电动车，又怕她坐上去会摔下来。办法只有一个，拿出小时候妈妈曾经用来背过自己的布带，先把母亲绑住，然后再捆在自己身上。就这样，从磐安县城到学校的 30 多公里道路上，他骑着一辆旧电动车，一根又粗又长的布带将他和妈妈紧紧系在一起。

为了照顾母亲，除了上课、睡觉，陈斌强和母亲几乎形影不离。学校特批的一间 10 平方米的房间，就是老人的小家，陈斌强常去陪伴她。他还在墙上贴着一张母亲的作息时间表，一天要帮母亲上 7 次厕所，其中 3 次标注的都是同一句话："别忘了，照顾妈妈。"

夜晚的艰辛，外人更是难以体会。每天晚上 9 点，陈斌强服侍妈妈睡下；凌晨 1 点，闹钟一响，他就必须准时起床，抱妈妈上厕所；清晨 5 点闹钟再次响起，又要先将妈妈房间打扫干净，处理好她的大小便；然后一口一口喂她吃饭；早上 7 点喂过妈妈早饭后，就开始了一天的工作。

妻子见他太辛苦，曾劝说陈斌强将母亲送到养老院，他说："我舍不得。我曾是妈妈的宝贝，现在妈妈是我的宝贝。"如今，母亲的智商仅相当于一岁孩子，一日三餐，他一口一口耐心地喂到母亲嘴里，碰到难咀嚼的食物，自己先嚼烂后，再送到母亲嘴里。每到周五，他会载着母亲回到县城的出租房里，和妻子、儿子团聚。

2012年10月31日，陈斌强调到县城，成为磐安县实验中学的一名教师，这位36岁的孝子终于可以用最方便的方式照料自己的母亲了。有人说，妈妈得了老年痴呆，并不知道陈斌强对她有多好。陈斌强说："她也许不认识我是谁，也叫不出我的名字，但她一定知道，这个人对她好，只要这样就够了。"

（来源：中国教育报）

陈培军由孝臻仁

陈培军是河南省西平县审计局的总审计师。他对事业、对家庭、对社会那份爱与忠诚，感动了身边的很多人。

在事业上，陈培军爱岗敬业，无私奉献，是审计系统的专家，多次受到省市表彰。母亲患病期间，他还担任主审，历时五个月完成了全国性的第1—3期农业综合开发资金和全省性的计生事业费审计任务，并被省审计厅评为优秀审计项目。他具有勤勉的工作态度，脚踏实地的工作作风，锐意进取的人生志向。审计署组织的每一次大型审计都少不了他的身影，省审计厅、市审计局也多次抽调他参加重大审计项目。每一次，他都能圆满完成任务。他在工作日志中写道：三更困眠五更起，二辰梦中算数据；只做春蚕丝吐尽，不问今夕是何夕。

在家庭中，陈培军是长子，少年丧父，以孝悌立身。1995年，年仅48岁的母亲又不幸患上白血病。他微薄的工资不足以支付巨额的医疗费用，就倾尽所有卖掉房子为母亲治病，一次次抽出自己的鲜血回输给母亲"续命"，最多时一个月抽了1200毫升，就在母亲临终前的一天，他还给母亲输了400

毫升血。他的孝心只换来母亲延寿两年的时光，在受尽了疾病、煎熬、磨难和折磨之后，母亲 1997 年 6 月与世长辞。母亲去后，他独自奉养奶奶，至孝至爱，无微不至。

经历了母亲生死磨难的他，决心放大对亲人爱的光波，由"亲亲而仁民"，努力"泛爱众而亲仁"，对社会尽一份责，献一份爱。救济贫困、为灾区捐款、帮扶艾滋病人，陈培军从来都慷慨解囊。遇到乞丐、残疾人，总是出手相助。2005 年，陈培军成为西平县第一批捐献造血干细胞志愿者。2013 年，他与浙江患白血病的一位农民配型成功。体检时发现，时年 45 岁的他已经跨入冠心病的行列，完全可以推掉这一任务。但陈培军却愿意牺牲自己部分的健康，换取病人的重生。历时 4 个小时，陈培军体内的血液过滤了 2.5 遍，终于采集够了患者需要的干细胞。从浙江来的医生站在身高仅 153 厘米的陈培军面前，不停地抱拳致敬，一声声感谢河南人民的爱心，感谢他的无私奉献。他的义举得到了各级领导和社会的普遍赞扬，各大新闻媒体纷纷报道，带动许多有爱心的人士纷纷加入捐献造血干细胞志愿者行列。

为了更好传递授爱的光波，陈培军正积极筹建"西平好风采志愿者大队"，欲邀请更多的爱心人士加入到公益事业中来，将无私奉献的爱心发扬光大。

仁

在中华文化的视野里，"孝悌"为仁之本、仁之源，人要成长，必然会经历由天伦之情的"孝悌"走向人伦之爱的"仁"。"孝"是爱敬父母，"悌"是尊重兄长。按照正常的社会道德观念，人类是由父母孕育而生的，所以亲子之爱天然是以血缘关系作为核心的，血缘愈近则爱愈亲，心愈近。其他道德观念便由此而派生出来。

在孔子看来，"仁"的思想是社会合理完善的土壤，它是由亲情之爱所培养和保障的，一个连父母的养育之恩都不报的人是不可能做到"仁"的。同时，作为以群居为特征的人类，仅局限于家庭中的亲情是远远不够的，还必须有"仁民爱物"的思想，做到"泛爱众而亲仁"，从而把孝悌之爱推广到整个社会，由此促进良好的人伦价值观和社会道德风尚的形成。

仁者爱人——永远的仁爱之心

这应是"仁"的根本精神。仁爱是一种博大的爱心、善心、同情心。这样的仁爱，以人的良知良能为根基，以人的自然感情为渊源，"亲亲而仁民，仁民而爱物"，层层扩展，达到"仁者以天地万物为一体"的境界。我们应当本于人之为人的本心之善，将仁爱精神由亲人推及到所有的人，推及到祖国、人民、人类，推及到宇宙间万事万物。这是个人身与心、人与人、人与社会、人与自然和谐的根基元素，也是现代人文精神的基因。正如一首流行歌曲所唱的："这是心的呼唤，这是爱的奉献……只要人人都献出一点爱，世界将变成美好的人间。"

仁爱是社会和谐的催化剂。人有了爱心，才能对他人产生友爱，进而施爱，社会就能增加和谐因素，增强和谐精神。我们应当进行爱的教育。有仁爱之心作共同的道德信念，"互敬互爱为仁"，就自然会有友善，就容易形成团结互助、和睦相处的社会风尚。对于我国社会面临的许多矛盾，仁爱都可以提供良性解决的道义润滑剂。例如搞好慈善事业等社会第三次分配问题、农民工及其子女问题，都需仁爱之心；医治医患关系、老龄社会、独生子女教育等方面的社会疾患，仁爱之心都可以提高社会的抗病力和免疫力，并为对症下药的诊疗措施提供道德支撑、精神支持。我们高兴地看到像北京大学爱心社等社团、组织所从事的爱心事业正在日益发展；北京市教委编的"中华传统美德教育实验用书"把"仁爱待人"专列一课，经过几年的实践，取得了良好的教育效果；南京航空航天大学附属中学等，长期开展仁爱精神的教育，师生的精神面貌发生了很大变化，积淀和产生了颇具特色的校园精神。此外，在大学的通识教育中开设的有利于补充专业基础课的人文课程，从学校教育的主渠道对青少年仁爱精神的培育正在走向规范化和制度化。类似的经验值得总结推广。

己所不欲勿施于人——普世的忠恕之道

"爱人"是为仁之本，"忠恕"是为仁之方。不同人群和个体之间的利益和需求总是有差异的，矛盾是难免的。仁爱之心讲究将心比心，推己及人，"己欲立而立人，己欲达而达人""己所不欲，勿施于人"。这样的仁爱心可以成为社会矛盾的精神化解剂。这种理念内含着深刻的平等观，内在地承认人与人在生命价值上是平等的，所以才能把他人当作与自己一样的人来对待。"如心为恕"，承认人心之间具有同一性，所谓人同此心，心同此理，所以才能将心比心，将我比他人，这是平等观的先决条件，否则，平等观就缺少理论和逻辑上的依据。在将心比心中深含对人的尊重，深含人道精神。

1993年9月世界各国的宗教领袖在美国芝加哥开会通过的《全球伦理宣言》说："己所不欲，勿施于人"，"这个原则是有数千年历史的宗教和伦理的传统所寻获并持守的"，"这个终极的、绝对的标准，适用于人生各个范畴，家庭和社会，种族、国家和宗教。"这原则还赫然挂在联合国的总部，说明仁爱可以成为沟通不同文化的世界语言。

孔子把"仁"上升到理论的高度，形成仁学体系，既是儒家学说的核心，也是中华传统美德的核心，而且成为具有普遍意义的道德范畴和价值标准。

西方现代文明突出个体人格精神；同时有基督教传统的博爱等信念，在一定程度上对极端个人主义和极端自由主义倾向起着某种制约作用。而中华传统文明突出的是群体和谐精神，强烈的责任感、仁爱心，更可以与西方文明优势互补，互相整合。1988年初世界各国的诺贝尔奖获奖者从巴黎集会上发出声音："人类要想更好地生存，应向两千五百年前的孔子汲取智慧。"1998年在纪念《世界人权宣言》发表50周年时，一个由世界范围内退下来的有影响的政治家组织的"国际间行动理事会"，觉得人权宣言在强调个人权利时忽视了人对社会的责任，因而发表了《世界人类责任宣言》，倡议回到东方的孔子，用孔子的思想教育人们对社会负起责任。在孔子的祖国，我们有更好的条件继承中华民族传统的仁爱精神；还可以经过现代转换，包括汲取人类文明的进步成果，赋予新的时代内涵，使之成为和谐文化建设中的道德信仰，为促进和谐世界作出贡献。

仁以为己任——志士仁人的担当精神

两千五百多年前，曾子曾经说："士不可以不弘毅，任重而道远。仁以为己任，不亦重乎！死而后已，不亦远乎！"

这句话是曾子对"士"——也就是读书人的一种高度期待。读书的目的是什么？在儒家看来，读书就是要明理，要提升自己的人格境界和胆识胸怀。读书明理要有担当，要以天下为念，所以曾子说作为读书人的"士"不可以不含弘广大、坚强刚毅，因为他们"仁以为己任"，身上的责任重大。

"仁"是君子一生所求的重要目标，也是其一生所行之事的重要衡量标准。从古至今，总是不乏志士仁人在坚守自己的道德，他们不断调整自己的心态和所作所为，重视节操和风骨，甚至用自己的生命去践行仁义。孔子所言"三军可夺帅也，匹夫不可夺志也"；孟子所言"富贵不能淫，贫贱不能移，威武不能屈"、"虽千万人吾往矣"；曾子所言"吾日三省乎吾身"；《大学》、《中庸》中所言的"慎独"、"戒慎乎其所不睹，恐惧乎其所不闻"；东汉杨震的"四知"（天知、地知、你知、我知）；北宋名臣范仲淹的"不以物喜、不以己悲"；南宋文天祥的"从今却别江南路，化作啼鹃带血归"；清代林则徐的"苟利国家生死以，岂因祸福避趋之"……无一不是用自己的生命对"好仁"、"恶不仁"进行注解。但在茫茫人海中真正能够有此觉悟的人是凤毛麟角、微乎其微的。

孔子对生命的态度是："志士仁人，无求生以害仁，有杀身以成仁。"前人之中，孔子认为"殷有三仁焉"。"三仁"是被孔子高度称许的商末的三位重臣——去国存祀的微子、被囚为奴的箕子、因谏而被剖心的比干。商末周初孤竹国的伯夷叔齐推位让国、不食周粟饿死首阳山，孔子评价他们的做法是"求仁而得仁"；春秋前期齐国的国相管仲在辅佐桓公完成霸业时九合诸侯而不以兵车，孔子虽然对管仲的德行并不认同，但在这件利泽及人的功业上孔子反复深赞其"如其仁！如其仁！"

每个人生于世上都有自己的责任和使命，不同处在于是否有清醒和明确的认识。如果被物欲所蔽，便很容易为一己之私而去蝇营狗苟，很难提升自己的人格和道德。只有明了自己所担负的种种责任并以道自任的人，才能真正彰显君子之德行与风骨。

"仁"是儒家思想中至高的道德境界，与"智"、"勇"被合称为"三达德"。曾子说："仁以为己任，不亦重乎！"读书求道之人应该时时处处将"仁"当作自己肩上不可卸却的责任。以行仁自任，既是自我道德的实现，更是现实担当的的落实。

第四届全国道德模范颁奖典礼献助人为乐模范（仁）致敬辞

助人为乐，仁者爱人。或存孤恤寡，扶老帮贫；或捐资兴学，献血救人；或热心公益，提携乡亲。这些凡人善举，是崇高境界，是立人达人。有了仁者爱人，我们这个民族就会手牵手、心贴心，和衷共济相互帮衬，在中华圆梦的航行上摇橹奋进！

格言

仁者见之谓之仁，知者见之谓之知。——《易经·系辞上》

【简释】对待同样的问题，仁者见了说它是仁，而智者见了说它是智，说明同样的事情，不同的人有不同的见解。

君子务本，本立而道生。孝弟也者，其为仁之本与！——《论语·学而》

【简释】君子专心致力于最根本的事情。根本确立了，道就会产生。一个人孝顺父母，敬爱兄长，这就是实现'仁'的基础吧！"

子曰："巧言令色，鲜矣仁！"——《论语·学而》

【简释】孔子说："花言巧语，伪善献媚，这样的人缺乏仁德！"

里仁为美。——《论语·里仁》

【简释】居住之地有仁厚之俗才是美好的。

子曰："唯仁者能好人，能恶人。"——《论语·里仁》

【简释】孔子说：一个人真正达到了仁的修养，因为能真正做到没有私心，所以可以喜欢或者厌恶人都不离正道。

子曰："富与贵是人之所欲也，不以其道得之，不处也；贫与贱是人之所恶也，不以其道得之，不去也。君子去仁，恶乎成名？君子无终食之间违仁，造次必于是，颠沛必于是。"——《论语·里仁》

【简释】孔子说："富和贵是人们所期待的，不遁过正当的途径，即便有了富贵，也不能安处；贫和贱是人们所嫌弃的，不通过正当途径，即便处于贫贱之中，也不自我嫌弃。君子离开了仁，怎么成就名声呢？君子任何时候都不违背仁德，匆忙急迫中必定如此，颠沛流离时也必定如此。

夫仁者，己欲立而立人，己欲达而达人。能近取譬，可谓仁之方也已。"——《论语·雍也》

【简释】作为仁者，自己要立身同时又要使他人立身，自己要通达同时又要使他人通达。能从当下的生活中推己及人，这就可以称为践行仁的方法。

子曰："志于道，据于德，依于仁，游于艺。"——《论语·述而》

【简释】孔子说："心之所向是在人伦之道，心之所守是在自己的德性，所行之事没有违背仁义，品鉴玩习在礼、乐、射、御、书、数六艺之中。"

志士仁人，无求生以害仁，有杀身以成仁。——《论语·卫灵公》

【简释】立志成就德行之人，没有为了求生而损害仁义的，却有为了仁义而献出自己的生命的。

己所不欲，勿施于人。——《论语·卫灵公》

【简释】自己所不想要的，不要施加给别人。

博学而笃志，切问而近思，仁在其中矣。——《论语·子张》

【**简释**】广泛地学习并且坚定自己的志向，遇不明之事能切中要害地发问并且围绕问题进行深入思考，仁德就在这里面了。

曾子曰：士不可以不弘毅，任重而道远。仁以为己任，不亦重乎？死而后已，不亦远乎？——《论语·泰伯》

【**简释**】曾子说："一个士，不可不志向远大、意志坚强，因为他肩负重任，道路漫长。以实行仁道为己任，不是很重大吗？直到死才能罢休，不是很漫长吗？"

仁者无敌。——《孟子·梁惠王上》

【**简释**】仁义之人不可战胜。

恻隐之心，仁之端也；羞恶之心，义之端也；恭敬之心，礼之端也；是非之心，智之端也。人之有是四端也，犹其有四体也。——《孟子·公孙丑上》

【**简释**】同情怜悯之心，是仁的发端；羞耻厌恶之心，是义的发端；恭谨庄敬之心，是礼的发端；是非对错之心，是智的发端。每个人都具备这四种发端，就像身上有四肢一样。

行有不得者，皆反求诸己，其身正而天下归之。——《孟子·离娄上》

【**简释**】凡是行为有达不到预期效果的，都反过来在自己身上找原因，自己端正了，天下的人自然归向他。

君子所以异于人者，以其存心也。君子以仁存心，以礼存心。仁者爱人，有礼者敬人。爱人者，人恒爱之；敬人者，人恒敬之。——《孟子·离娄下》

【**简释**】君子与一般人不同的地方在于，他内心所怀的念头不同。君子内心所怀的念头是仁，是礼。仁爱的人爱别人，礼让的人尊敬别人。爱别人的人，别人也经常爱他；尊敬别人的人，别人也经常尊敬他。

亲亲而仁民，仁民而爱物。——《孟子·尽心上》

【简释】由孝敬父母推及到仁爱百姓，由仁爱百姓推及到爱惜天下万物。

仁之法在爱人，不在爱我；义之法在正我，不在正人。——西汉·董仲舒《春秋繁露·仁义法》

【简释】仁的法则在于爱他人，而不是爱自己；义的法则在于修正自己，而不是要求别人。

不仁爱则不能群，不能群则不胜物，不胜物则养不足。——东汉·班固《汉书·刑法志》

【简释】如果不心怀仁爱，就不能和以处众，不能和以处众就不能合理地利用外物，不能合理利用外物就会导致生活给养不足。

仁是根，恻隐是萌芽。亲亲、仁民、爱物，便是推广到枝叶处。——《朱子语类》卷六

【简释】仁就像是根，恻隐就像是萌芽。敬爱自己的亲人、爱护人民、爱惜万物，就像是从仁的根扩展到枝叶处。

故事

爱民仁君徐偃王

徐偃王是是历史上有名的仁君。

偃王爱护百姓，施行仁政，徐国因而越来越强盛了，据有的地方五百里，归顺的诸侯有三十六国。周穆王六年（前996年），徐偃王到都城朝见周天子。当时东南有诸侯国叛乱，周穆王封他为伯，令他率东方诸侯前去讨伐。徐偃王果然很快就平定了叛乱，因此他作为东方领袖的地位也更加稳固了。

偃王勤于政事，苦心治理国家，让老百姓安居乐业，使徐国呈现出一片升平景象。人们都赞颂他是一位仁慈的君主。徐国人在开挖水渠时，偶然得到了一把朱弓一簇铜箭，都认为是天降的瑞物，就将弓箭呈献给他们爱戴的徐偃王。人们私下里纷纷传说："我们大王获得天赐祥物，看来那是上天要把天下授予我们徐国啊！"

这个传言不知怎么的就传到了周穆王的耳里，他对强大的徐国起了疑心。穆王十三年（前963年），他下令让楚国发兵，以"逾制"为借口征讨徐国。

周、楚联军奉天子之令伐徐的消息传到徐国，徐偃王十分忧虑。他本来并没有要夺取天下的心思，但此时已是百口难辩；他并不畏惧打仗，但实在不忍心把人民拖入战争，一旦燃起战火，必然导致徐国生灵涂炭。想来想去，他就毅然地对臣民们说："圣人是不会以随便杀人来满足自己的欲望的，是君子也不会把危险带给自己的国家。现在楚军前来讨伐，不外是要除掉我一人而已。我辞去王位，刀兵之灾就会消除的。"

说罢，徐偃王就要离国而去。臣民们哭成一片，哀求他留下来。徐偃王望着跪伏在王宫前黑压压的人群，更坚定了自己要保护人民的心志。为了不引起大家的注意，他只带几个随从护着家眷，乘夜从王宫后门悄悄出走了。到次日百官入宫朝见时，丹陛上只剩下一个空空的宝座。

但是徐偃王没有想到，他往北走到彭城武原山的时候，也不晓得人们是怎么获知的消息，前来跟随他的老百姓竟有几万多家，而且人数还在不断增多。只见浩浩荡荡的队伍迤逦百里，蔚为壮观，这是历史上有记载的第一次百姓随君王而行的大撤退。

徐偃王更没有想到，虽然他弃位离国而去，但周穆王早已把他视为眼中钉，下令楚军一路追杀，穷追不舍。徐偃王率领部分徐国人最后经海路南下，到达浙江宁波一带。他目睹了百姓们遭到杀戮的惨状，最后，他声色俱厉地对着凶残的楚军大喊："你们不能再残害百姓！你们不是就要我的命么？我自个了断就是！"说完，他怀抱美玉，跳进了大海的波涛里。

徐偃王死后，活着的世人都敬佩他，赞颂他。为了堵住天下人的口，笼络天下人的心，周穆王只好又封徐偃王的次子宝宗为爵，让他以彭城为都城，继续治理徐国。

晏婴劝君施仁慈

晏婴，字仲，习惯上多称平仲，又称晏子，夷维（今山东莱州）人，是春秋后期一位重要的政治家、思想家、外交家。他作为齐国的相国，是君王的得力助手。

晏婴不但为人正直和忠诚，而且富有智慧。他经常对自己的国王齐景公说：要想治理好国家，使国家得到发展，就必须实行爱护民众的政策。

但是，齐景公常常把他的话当作耳边风，口头上答应着说"好，好，我牢记你的叮嘱"，做的却是另一套，还时不时就做出一些攘扰老百姓的决定和政策来。

有一次，晏婴出使到外国去了。由于晏婴不在家，三天没听到他念的"紧箍咒"，齐景公就开始"大闹天宫"了。他感觉自己登高望远得站在一座高台上，而城内没有高台，所以他强制性的叫来一大群平民来修筑这个中看不中用的东西。

在修建高台的过程当中，晏婴从外国出使回来了。在去王宫的路上，他看到一大群人正辛苦地修筑着什么。一打听，便也知道了事情的原委。晏婴顿时头也大了，心想："真是劳民伤财。总是这样让大王发神经，也不是个办法，这还不把老百姓们给折腾死啊。"于是他想了一个办法，决定教育一下齐景公。

来到王宫，他便立刻劝齐景公停止这荒唐的工程。齐景公还是那样，先是不答应，让晏婴滔滔不绝上了一番政治思想课后，便答应过一会儿就宣布停止工程，而且还发誓说以后自己再也不会犯这种错误。

然后，晏婴立即走向工地，连家都没有顾着回去。他一到工地就对平民们说："这次的工程，是我的主意，让大王来修的。所以你们得给我干好喽！别坏了我的好事！"当他一看到有人干活不卖力，二话不说，抓起一根皮鞭就对那人狠狠地抽打起来，一边打还一边大骂着。

晏婴就这样抽打了不少人。不一会儿，齐景公的圣旨到了，上面说："大王有感于这种工程折磨百姓，让大家深受劳役的痛苦。现在大王怜惜子民，停止工程活动！"

干活的人们，听到宣布的命令，都立刻放下手中的活，并且欢呼雀跃地大喊着："大王英明！大王英明！"还有许多人跑回家去，拿出家里珍藏的美酒嘉肴去献给齐景公，都高兴地说他是一个仁慈而有作为的君王，做出了明智的决策。

齐景公这时也感动地说："哪里，哪里。这都是我应该做的。"他一了解事情的经过，才知道原来是晏婴承揽了责任，而把百姓的赞誉奉献给了他，这使他又感又愧，嗟叹不已。

就这样，齐景公体会到了只要施行仁政，就可以深受百姓拥护的好处，从此少犯错误了。

楚庄王广施仁德

春秋时期，郑国与晋国相约结盟了。郑国背叛了以前的盟友楚国，楚庄王十分生气，于是就讨伐郑国。

楚庄王亲自带领军队包围了郑国，不到三个月的时间，郑国的都城守不住了。郑国国君只好献出国都，向楚国投降。

楚庄王就从皇门进入郑都。郑国国君脱了上衣，露出胳膊，牵着羊来迎接庄王，他说："我没在边城好好地服侍您，所以惹您发了怒，这是我的罪过。我怎么敢不听您的话呢？现在，请您把我放逐到南海去吧，或者把我当奴隶赏赐给诸侯，我绝对没有二话可说。如果您不忘记周厉王、宣王、郑桓公、郑武公，可怜他们，不忍心断绝他们国家的祭祀，就把这不毛之地再赐给我，让我侍奉您，这是我的心愿，请原谅我冒昧地表露我的真心。那么，就请您处置我吧。"说完，他伤心地流下了眼泪。

　　楚庄王被他的话打动了，于是想退回去。可是楚国的大臣们不满意了，纷纷说："我们千里迢迢来到这里，士兵们也打得这么辛苦，现在已经打下的国家又放弃，凭什么？"

　　庄王说："我们之所以讨伐，是因为郑国的国君背叛了我们。现在人家已经答应听话了，还有什么要求的呢？"

　　楚国的大臣们急忙劝说道："君王不能这样做！"

　　庄王说："郑国国君能这样谦卑，就一定能爱护自己的百姓，怎么可以灭了他的国家呢！"说完，庄王亲自举起军旗，左右的人指挥军队，率军退后三十里驻扎下来，答应与郑国国君讲和。郑国国君非常感激楚庄王。

　　晋国听说楚国攻打郑国，打算派军救援，因为意见不统一，结果来迟了。等到他们到了黄河，楚军已经走了。晋国将帅有的想渡河追击，有的想班师回国。庄王听说后，就转身攻击晋军。这时郑国也派军参战，他们没与晋军合击楚军，反而帮助楚国，在黄河上把晋军打得大败。

　　又有一次，因为宋国杀死了楚国使者，楚国发兵包围了宋国国都，一直围困了五个月。

　　宋国都城内的粮食都吃完了，老百姓们把能吃的东西都吃了，结果什么都没有了，人们眼看就要饿死了，情况极其凄惨。

　　宋国的大臣华元没办法，就冒着危险在夜里吊下城墙，出城去向楚庄王诉说了城内的情况。庄王听了，叹息着说："你是个诚实的人。百姓落到这个地步，我也不忍心再打下去了。"于是撤军离去。

　　不久，宋国归附了楚国。

相如廉颇刎颈交

廉颇是战国时期赵国的大将军，在国内的威望很高。他不但作战英勇而且很有指挥才能，率领军队屡屡打胜仗，由于他的存在，其他诸侯国轻易不敢觊觎赵国的疆土，就连当时国力最强盛的秦国也不敢贸然进攻赵国。

那时赵国得了一块叫和氏璧的稀世珍宝，秦王听说后想谋取到手，却又不愿付出任何代价，就骗赵王说愿意以十五座城换和氏璧。赵国宦者令缪贤的门客蔺相如，受赵王派遣，带着和氏璧出使秦国。他凭着智慧与勇气，完璧归赵，得到赵王的赏识，封为上大夫。

后来，秦王又提出与赵王在渑池相会，想逼迫赵王屈服。蔺相如和廉颇将军都力劝赵王出席，并进行了周密的部署：由勇猛善战的廉颇率领军队驻扎在边境，给秦王造成军事上的压力；能言善辩的蔺相如则随从赵王到渑池赴会，绝不向强秦示弱。

蔺相如果然不负使命，凭着三寸不烂之舌和对赵王的一片忠心，不但挫败了秦王的伎俩，使赵王免受屈辱，而且安全回到赵国。赵王为了表彰蔺相如的功劳，就封他为上卿。

蔺相如从一个地位低下的门客，如此之快就被提拔为上卿，成为文臣之首，官位比廉颇将军还高。这下廉颇可不乐意了，他心里非常不服气，认为自己英勇善战，为赵国拼杀于前线，是第一大功臣，而蔺相如只凭一张嘴，居然官居自己之上。他气凶凶地对周围的文武百官说："老子冲锋陷阵征战沙场，竟然还不如手无缚鸡之力的一介书生！我怎能咽下这口气！只要有机会，我一定要好好羞辱那小子一番，让他晓得什么叫做功劳！什么叫做威风！"

蔺相如听到这个消息，便处处回避与廉颇见面。到了上朝的日子，就称病不出。有一次，蔺相如有事乘车出门，在路上恰好遇到了廉颇。廉颇就命令手下用各种办法堵住蔺相如的路，最后蔺相如只好命令车夫，将车子掉头回府。廉颇就更得意了，到处宣扬这件事，逢人就说："本将军只要稍一露面，那小子还敢在我面前撒野么？就好比老鼠见了猫！哈哈哈！"

蔺相如的车子慌急急地躲回了相府。门客们听说了这事儿，纷纷提出要回家。

蔺相如很镇定地问："你们都说要走，到底是什么理由？"

门客们七嘴八舌地说："大人！我们为您做事，就是因为敬仰您是一个真正崇高的君子，可现在您居然对狂妄的廉颇如此忍气吞声，我们可还怎么干得下去？"

蔺相如听了，点了点头问道："我先问你们一个问题。你们说，是秦王厉害还是廉颇将军厉害？"

大家都说："那还用问？当然是秦王厉害啦！"

蔺相如笑了一笑，说："这就对了。我敢在秦宫殿中怒斥秦王耍赖，又敢在渑池会上逼迫秦王击缶。我连秦王都不怕，又怎么会怕廉颇呢？秦国现在不敢来侵犯我们，只是慑于我和廉将军作为赵王的左膀右臂，一文一武保护着赵国啊！我又怎能因私人的小小恩怨而不顾江山社稷呢？"

门客们恍然大悟，都信服点头，表示不愿再走了。

廉颇听说蔺相如这一番言行后，心里非常惭愧、悔恨，便袒胸露背，背着荆条到相府去，登门向蔺相如请罪。从此，他们便成了相交甚欢的好朋友、同甘共苦的刎颈之交，齐心为国效力。

何武以仁服下属

在汉朝元帝年间，有一个名叫何武的人，生性仁厚，为人和气，做地方

官素以廉正清明、秉公执法而闻名全国。后来，他被朝廷派到扬州去做刺史，成为此地最高的行政长官。

扬州是一个文化教育相当发达的地区，所以这里的人都很尊重有文化、有知识的读书人。

有一个名士叫戴圣，当时在扬州衙门里担任司法的要职。他恃着自己在扬州很有威望，不把任何人放在眼里，而且对待自己的工作很随便，常不按照国家法律制度来执行，而是随心所欲，自己想怎么样就怎么样。结果，他不时就会弄出冤假错案，却谁也奈何不了他。

耿直的何武来到扬州后，看到戴圣这样的状况，就毫不留情地上报朝廷，撤了他的官职。

戴圣被撤了职，这下可气坏了。当知道是何武使他丢了乌纱帽的时候，他气愤地在家里大喊："何武，你好大胆！你也不看看我是什么人物，我与你势不两立！"从此，他到处散布何武的谣言，说何武的坏话，说得很难听、很恶毒，竭尽全力就是要把何武弄下台。

何武对此不予理睬，而他的朋友打抱不平地对他说："戴圣没事到处在说你的坏话呢。"何武说："哦，身正不怕影子斜，让他说去。"这位朋友又说："那他到处散布谣言，这人是不是太卑劣了，你也不想法整治他一下？"这时何武笑呵呵地说："哈哈，他刚被撤了官职，难免有怨气，我就让他说好了，给他消消气。"

有一次，戴圣的儿子犯了法，这让何武的朋友知道了，他赶快找到何武说："戴圣的儿子犯法了，你现在不会还说'随他去'吧？"何武严肃地回答道："那当然要管！"

这时，戴圣在家里知道消息后，沮丧地说："完了。这下彻底完了！何武和我是死对头，这回他逮住机会了，还不把我儿子往死里整啊，儿子这回肯定是死罪了。"说完抱头大哭起来。

哪知道等到判决他儿子的那一天，判决书贴出来后，戴圣一看，根据罪行判处了一个并不重的罪。

戴圣坐在家里想了又想，回忆起自己以前的所作所为，又对比了何武的公正无私，自己感到羞愧不已。他咬了咬牙，便赶快去拜访何武，一见到何武便深深地作揖。何武连忙说："令郎本来犯的罪就不重。大学者，你何必这样，实在是让我担当不起啊。"

戴圣说："大人叫我大学者，我实在是感到惭愧啊。读了那么多的圣贤书，却不懂大道理，常常为难你这宽宏大量的人，真是惭愧啊我！"

何武连忙拉着他的手，到自己房里，随便地聊起家常话来。那一天，两人喝着茶，从早上聊到了晚上，无话不谈，笑声不断。

后来，在何武的濡染和影响下，戴圣得以重新任职，并且彻底地改变了以前的处事态度。因而，两人成为了很好的朋友。

吴夫人倚井施爱

三国时期，会稽郡的功曹魏腾，字周林，是个性格直率、刚毅不阿的人，办事坚持原则，决不会以长官的意志行事。

有一次，魏腾违背了孙策的意旨，激怒了孙策。孙策为此火冒三丈，大发雷霆，决意要杀死魏腾。下属们见孙策发怒，都非常害怕，但又不敢去劝说，一时又想不出什么好办法来解救魏腾。

吴夫人知道后，就站在了水井边要跳井自杀，侍从报告了孙策，孙策急忙前来看望母亲。

这时，吴夫人倚扶着井沿伤心地对儿子说："你刚刚立足江南，好不容易开创了一个新局面，很多事务尚在草创之中，根基还没有稳固。当务之急是要礼贤下士，舍弃他们的过错，表彰他们的功劳，这样人们才会来投奔你。"

吴夫人叹了口气，继续说："魏腾功曹办事遵守法度，尽职尽责，你今天要是杀了他，那么明天大家就会背离你而去。我不忍心看到你大祸临头，还是先投井自杀了省心。"

孙策听了母亲的诉说，心中大为震惊，马上省悟了过来，领会了母亲的良苦用心，于是立刻释放了魏腾。

吴夫人机敏地现身说法，使孙策能清醒地认识到事态的严重性，反省自己的错误，自觉地释放魏腾，而不会再加以追究。这反映出了吴夫人的智机敏锐，教子有方。

魏姓家族是会稽郡的望族之一，他们在会稽郡乃至江东地区都有较大的影响力与号召力。孙策刚刚据有江东，处于开基创业之时，根基还没有稳固，势力还没有壮大，会稽郡以及江东的一些大族，有的还处于敌对顽抗的状态，没有完全归顺；有的还处在徘徊观望之中。孙氏要想立足江东，处理好与他们的关系，才是永久之计。对于魏腾的处置，孙策在发怒时杀了他，在那个动乱的时代，也不是什么大不了的事，但其影响则会是很大的，它会影响到一些大族的归顺去就，甚至激起更坚决的抵抗。吴夫人能清醒地认识到事态的严重性，以及它所产生的负面影响，并能及时地现身说教，义释魏腾，这对稳定江东的民心有很重大的影响。

孙策、孙权兄弟能够礼贤下士，重视人才，广揽英雄，可以说与吴夫人的教育是有很大的关系的。

据说，孙策的母亲吴夫人是建德市梅城人，建德市区在当时也是属富春县的。现在梅城古镇还保留有一口"六合古井"，相传就是吴夫人倚井教子、保释魏腾的地方，所以大家都喜欢称它为"教子井"。

直到今天，"教子井"的水还清洌可饮，"六合古井"几个字也清晰可辨，从而使得这口古井，成为了传统美德教育的好素材，也是人们畅游三国景观的好去所。建在南峰塔边的报恩寺，相传是孙权为报答慈母养育之恩而下令建造的。

刘备讲仁让荆州

三国未立之前，刘备的实力还很弱，没有多少地盘，只能栖身在新野那个小城里，看不出这样下去他会有多大的作为。

有一次，刘备到荆州去探望他的远亲刘表，军师诸葛亮、义弟关羽、张飞等人随行。见面后，靠在病榻上的刘表唉叹着对刘备说："贤弟！我现在年迈多病，做起事情来力不从心，所以希望贤弟你来帮我治理我的地方。我死之后，我的管辖地——荆州就归你了。"

坐在一旁的军师诸葛亮听到刘表的话后，被触动了心事。他早就想过了，主公刘备要演一出威武雄壮的活剧，所缺的就是历史的舞台；也就是说，他要打开困苦的局面，首先要有自己的立足之处。此时，诸葛亮不禁兴奋地想："真是天上掉馅饼了。我们现在正苦于没有地盘，居然有人免费送来了。"

哪知道刘备却推辞说："这么重大的责任，我怎么敢担当啊！"

回到驿馆后，诸葛亮不解地问："主公！人家心甘情愿把地盘让给你，你为什么不要呢？"

刘备回答说："刘表他对我一向都很好，人家现在病重，才会说把荆州让给我。我如果要过来了，世人会说我乘人之危啊。"

诸葛亮听后，虽然无可奈何，但也感佩地想："哎！我的主公果然是一位仁慈的人啊。"

回到新野后，有一天，刘备焦急地问诸葛亮："军师，眼看曹操的大军就要来攻打我们了，我们该怎么办才好？"

　　诸葛亮思忖着说："我们新野这么个小城，要抵挡强大的敌人是不可能的。呆在这里不是长久之计。现在刘表的病已经很重，不久必将撒手尘寰，倒不如我们趁此接纳荆州，取得那样辽阔的地区，就可以与曹操抗衡了。"

　　刘备听完后，低下头说："军师你分析得很有道理。但是，我这个时候去取荆州，就是做不符合仁义的事情，叫我如何忍心呀？"

　　诸葛亮尽管也为主公感到为难，但还是阐释着道理说："我们不取荆州，荆州必将落入曹贼之手。到那时可就后悔莫及了！"

　　刘备思考了片刻，以坚定的语气说："那么，不义的就是曹操，我却不能不仁啊！"

　　曹操的大军不久就攻打到新野来了。诸葛亮为如何谋求出路而焦虑，于是郑重地对刘备说："主公！看来我们还是得取道荆州，否则新野就会生灵涂炭啊！"

　　刘备沉吟着说："不如我们带着百姓一起到樊城去，先躲一躲吧。"

　　诸葛亮心里很明白，己方的军队势单力薄，还带着大群百姓逃亡，将很难避过曹军的锋芒。果然，在刘备带领着大家转移的路上，拖儿带女的百姓们严重地拖累了军队的行军速度。

　　刘备手下的诸位将军看到这种情形，都非常着急地对刘备说："这样下去，曹操的大军追杀过来，我们怎么抵挡？不如先放弃这些百姓，军队先到达目的地再说。"

　　刘备说："要想成就大事业的人，必须要多为人民着想！这些老百姓一向都归顺于我，我现在怎么能够放弃他们不管呢！"

　　当随军的老百姓们听到刘备的话后，人们都感动得纷纷落泪。

　　新野一战，最后刘备损失惨重，失去了地盘，但他赢得了人心——这就是他后来得以建立蜀国的根本。

宗悫仁厚不计嫌

宋文帝时期，有一个人叫宗悫（què），他从小就有理想，有抱负，立志做一番事业，所以苦读诗书勤习武，常年不辍。不仅如此，他对人也特别仁厚，从不计较个人的得失。

那时，宗悫在乡间只是一介平民，没有什么地位，而且家境贫寒，生活过得很节俭。同乡有个人叫庾业，家里非常富裕，拥有良田千顷，宅院几座，家里丫鬟、仆人都很多，可以称得上是一个殷富之家了。庾业很喜欢邀请宾客到家里来吃饭或娱乐，享受热闹的气氛，生活过得相当奢侈。有一次，庾业又邀请了很多客人到家里来吃饭，由于同乡的关系，他也邀请了颇有点名气的宗悫。

等到客人都到齐的时候，庾业吩咐下人给客人们端上酒菜。仆人们于是给别的宾客分别端上香喷喷的鱼肉和美味的烧酒，而轮到给宗悫上菜的时候，仆人只给他一碗粗糙的小米干饭和一碟清淡的萝卜白菜。客人们看到摆在宗悫面前的饭菜，都不由得哈哈大笑起来。

庾业笑着对大家说："宗悫是一个武人，吃惯了粗菜淡饭，所以我迎其所好，可不敢用别的饭食招待他。"其实，他哪里是不敢用，而是不想用，他故意这样做的目的，就是要羞辱出身贫寒的宗悫找乐子呢。

庾业万万没有想到，宗悫面对如此难堪的局面却只是笑了笑，很有风度地说："谢谢你，我觉得这样的饭菜已经很好了，我确实喜欢吃。"说完，他拿起筷子，津津有味地吃了起来。吃完后，他还诚挚地向庾业道了谢，然后在其他宾客的嘲笑声中坦然地走出了庾家。

俗话说："三十年河东，三十年河西。"庾业更没有想到的是，后来宗悫竟然当上了豫州刺史，而他恰好就是宗悫的部下。当一听说新来的刺史就是宗悫这个消息后，庾业大吃一惊，心想：这下惨了！如今宗悫比我露脸了，他一定会报当日所受的"粗饭淡菜"羞辱之仇，唉，早知道今天他会出人头地，我当初就不应该那样对他的。

隔天，宗悫请庾业到他家里去吃饭。庾业一下就傻了，很怕前去会受到奚落，可是顶头上司的吩咐，不去也不行呀，于是他只得准备了一份厚礼，怀着忐忑不安的心情去赴约，脚步踟蹰地走进了宗悫那个相当陈旧的家门。

可是，宗悫一看到庾业来了，非常客气，忙起身迎接，还亲自把他安顿在自己的身边，吩咐家人端来好酒好菜，热情款待。

庾业这下可不好意思了，他尴尬地说："大人，谢谢你的热情款待！你没有怪我什么吧？当年我让你吃饭时……"

话没说完，宗悫笑着说："过去的事情就不要提了，那次在你家我不是吃得特别香吗？我觉得你对我已经很好了。今天之所以请你来，是因为我刚刚上任，此地的风土人情、政务事项一点也不熟悉，特地要向你请教呀！"

庾业羞红了脸，忙说："哪里，哪里。大人你不计前嫌，如此仁厚待人，实在叫我赧颜无地。我一定会尽我所能，协助大人治理好豫州的……"

两人于是一边喝酒，一边叙旧，谈得特别愉快。临别的时候，宗悫把那份厚礼退回给庾业，诚恳地说："往后再也不要这样了！我们是同乡兼朋友啊！"

庾业感动得说不出话来。

唐太宗贞观仁治

在唐朝建立初期，李世民当上皇帝后，非常注重吸取和借鉴隋炀帝的教训，所以他反对暴政，提倡仁政。

他鼓励大臣们积极地向自己提意见，而这些意见有时候非常难听，但是唐太宗怕自己会做出对国家和人民不利的事情来，所以无论别人批评自己的话多么刺耳，他都能够放下皇帝的架子把话听进去。

他的大臣魏征，生性耿直，对太宗是有话必说，说无不尽，往往据理力争，从不曲媚求全。

比如他所进的《谏太宗十思疏》，条条针对皇帝的毛病，简直就是在揭"龙鳞"。太宗尽管也有过不悦，却很快也就想通了，采纳了魏征的建议，并称赞魏征是照见自己缺点的一面"镜子"。

太宗倾听别人的意见逐渐形成了习惯。有一次，他准备修整宫殿，这时一位大臣劝谏说："皇上，隋炀帝就曾大兴土木修筑宫殿，耗费了国家的大量钱财，是他灭亡的一个重要原因。而你现在还要这样做，这是步隋炀帝的后尘啊！"

唐太宗听完后低头想了想，叹息一声说："哎！都怪我脑袋一时发热，现在多谢你的话。"说完，立即宣布停止修整宫殿，并且赏赐了这位大臣。

为了不蹈隋朝贪官污吏横行的覆辙，太宗十分重视法治。他曾说："国家法律不是帝王一家之法，是天下都要共同遵守的法律，所以一切都要以法为准。"

法律制定出来后，他从自身做起，带头守法。他要求官员们在执法时铁面无私，真正做到"王子犯法与庶民同罪"；但量刑时则要慎之又慎，以免造成冤案。由于太宗的"以法治国"，文武百官不敢贪赃枉法，出现了政治的清明景象。经过一番苦心经营，国家的法制状况很好，犯法的人少了，被判死刑的更少。据史书记载，贞观三年（629年）全国被判死刑的只有29人。

有一年，犯了重罪的几百名犯人上书请求唐太宗说："皇上，我们都是犯下了重罪的人，我们想回去几个月，把家里的后顾之忧给料理了，再来服罪。"

这样的要求，看起来是很荒唐的，大臣们谁也没料到唐太宗居然说："这些罪犯还挺有孝心的嘛，好！就让他们回去几个月再来。"结果，几个月后，到了必须回监狱服刑的那天，几百名重刑犯竟然果真全都回来了，没有一个人躲逃！

对于农民，唐太宗下旨只征收很低的税，同时很注重兴修水利工程，帮助老百姓搞生产。年复一年，农村接连获得了大丰收，由于粮食太多吃不完，使得许多稻麦因堆在仓库里时间太长而发霉起虫了。

就这样，在唐太宗的治理之下，全国上下呈现出一片欣欣向荣的面貌。唐太宗在老百姓心目中也成为了前所未有的施行仁政的好皇帝，成为了被世人和后人所歌颂、崇拜的人物。

宁要朋友舍状元

唐穆宗长庆（821年～824年）时期，白敏中与贺拔惎（jì）是一对挚友，经常在一起吟诗作对，出外游玩。这一年，两人一同来到京城长安参加科举考试。

主考官王起知道白敏中出身贵族，文才又好，私下想取他为状元。但是，白敏中与出身寒微的贺拔惎交往密切，这一点令王起心中十分不悦，他叹息说："白敏中怎么偏偏愿意同贺拔惎这样的人来往呢，真是太可惜啦！"

于是，王起叫人悄悄传话给白敏中说："你出身高贵，又有文才，怎么能同贺拔惎这样出身卑微的人来往呢？只要你以后不再同贺拔惎来往，王主考就取你当今年的新科状元。"

白敏中听了，皱起眉头，没有答话。王起派来的人走后不久，贺拔惎就来了。白家的看门人一向就瞧不起出身寒微的贺拔惎，他知道王主考官的意思后，就骗贺拔惎说："我家主人不在，到朋友家去了，晚上也回不来。"贺拔惎站了一会儿，转身就走了。

白敏中听人说贺拔惎来了又走了，急忙从屋里跑出来，对看门人连连喊道："你快把拔惎给我请回来，快点！"

幸好，贺拔惎没有走远，等到他回来后，白敏中把情况如实地向他说了一遍。贺拔惎说："王大人说得有理，你不应该和我这样的人来往，不要因为我而丢掉了状元。"

白敏中却说："状元有什么稀奇的，知心朋友才难得啊！我宁可不当状元，也不能丢掉你这个好朋友。"说完，他命人摆上酒席，与贺拔惎开怀畅饮，聊了个痛快。

王起派来的人知道白敏中的所作所为后，大为恼火，便一五一十地告诉给了王起，最后还说："他要是舍不得贺拔惎，咱们就偏不让他当状元。"但是，白敏中宁肯不当状元也要朋友的品德，反倒感动了王起，他说："白敏中要朋友不要状元，是个有义气的人。相信能让他如此看重的人也一定是个人才，我原来只想取白敏中，现在我却同时也想取贺拔惎了。"

这一年，两位好朋友果然因才华出众而双双中了举。后来，白敏中在唐宣宗时还当了宰相，他与贺拔惎两人不论地位高低，一生都是很好的朋友。

仁县令拉纤焚诏

唐朝文宗太和年间（826 年～836 年），何易于在益昌（今四川广元南）这个地方做县令。他为人处事素有仁爱之心，做了不少有益于百姓的事。

益昌位于嘉陵江南岸，距利州（今四川广元）40里。有一年春天，利州刺史崔朴趁着这美好的时光，与一群宾客一起乘着游船，兴致勃勃地沿江到各地游玩。游船经过益昌时，由于水流不满的原因，游船走得十分缓慢，崔朴便命令随从到县衙门去，要县令派一些纤夫来拉纤。

正在衙门办理公务的何易于，一看到那个傲慢的来人传达上司的命令，心里就有反感；再一听说原来是要他派一些老百姓去给他们的游船拉纤，更想一口回绝。但他还是忍住了心头的怒气，沉默了一会儿，他跟随那人径直来到河边，二话不说，拿起岸上的纤绳，躬腰就要亲自给游船拉纤。

船上的崔朴一看拉纤的人竟是县令，猛吃一惊，急忙叫下人阻拦他，然后询问何易于："贵县为什么要这样做呢？"

何易于回答说："现在是春天，正是播种的好时机，老百姓们都在忙着耕地和养蚕呢，只有我这个做官的没有事情可做，所以就来干这个了。"

崔朴听后，非常惭愧："哦，真是对不起呀，我没有想到，说真的，当官就应该像你这样为民着想。那我不打扰贵县了。"说完，他与宾客立即走下游船，乘马离开了。

益昌这个地方并不富裕，许多百姓指靠着依山种茶，生活相当贫困。有一年，盐铁官向唐文宗提议："我们应该从茶叶里征收赋税，以增加国家收入。"皇上同意了。

于是，下达诏书到全国各州县，命令有生产茶叶的地方必要交一定的赋税，还要地方官吏如实申报征课，不得隐瞒偷漏。

诏书到达了益昌。县令何易于看完诏书后，长叹一声，十分气愤地说："益昌人不征收茶税都不能维持生活，现在还要加重赋税，这不是来害人么？"

于是他命令下属把诏书搁置起来。下属战战兢兢地说："大人，皇上的诏书谁敢违抗啊！如果照你说的去做，我就犯了死罪，大人你也难免要被流放呀。"

何易于回答说："你说得也对。可是我怎能为了爱惜自己，而让百姓遭受这样的苦难呢？不过，放心吧，我不会让你担当责任的。"说完，他亲手把诏书给烧了。

皇上派出的观察使知道了何易于烧诏书的事，可是他素来就知道何易于是个正直廉洁、一心为民的好官员，所以就没有将此事奏报朝廷。

何易于在益昌当地为人民办了很多好事。他利用自己的官声游说上司，尽量设法使上面减少赋税，让老百姓安居乐业；积极听取群众的意见，不时召集各乡的老者到衙门来，征询他们对政事得失的看法；凡是穷家有死者无法殡葬的，他就让衙吏用他的俸禄去处理；犯了罪的百姓进行教导，不把他们交给监狱的人来处置，牢房中三年都没有换过一个犯人。

当地的老百姓都很敬仰他。

荻草作笔地为纸

北宋大中祥符年间（1008 年 ~ 1016 年），在江西永丰泷冈溪畔，有一位头插白花、身着素装的年轻女子，和一个 4 岁的小孩面对面地坐在沙滩上。女子折了一根荻杆，在抹平的沙地上写了一行字，然后将荻杆交给孩子。那孩子便照样写着，渐渐入迷了。

这位女子就是欧阳修的母亲郑氏，而那孩子就是日后北宋文坛的一代宗师欧阳修。这位江南望族的大家闺秀嫁给欧阳观后，一直随着夫君飘游。宋真宗景德四年（1007 年）六月，欧阳观在四川绵州任推官时，欧阳修出世；不久，郑氏又随丈夫来到泰州，欧阳观就在这里撒手人寰。

郑氏一颗心，完全倾注在儿子身上。孩子到了读书的年龄，她亲自充当儿子的启蒙老师。没有书，她便将自己过去所学逐章逐句地口授给儿子。缺乏文房四宝，她便白荻为笔，抚沙为纸；人家的孩子在沙滩上玩耍嬉戏，她教孩子在沙滩上写作画画……

欧阳修天资聪明，求知欲望很强，经常到邻居家借书，边阅读，边抄写，往往一本书刚刚抄完便能诵出来，这使母亲惊喜不已。

随着欧阳修年龄的增长，母亲对儿子的教育也进入到更高的层次。恰好当时城里发生了一场冤案，闹得沸沸扬扬，欧阳修也义愤填膺。趁此机会，母亲与欧阳修作了一次长谈。

她说："如果有一天你为官，就应该像你父亲那样，心存仁爱，做个清官。世上有许多穷人、好人被欺压陷害，乃至系于牢狱、受刑处死，做官就要为他们做主。你父亲在州县任职多年，官阶虽然不高，但他恪尽职守，严肃认真，尤其是处理狱案时，更是小心谨慎，一丝不苟，往往要忙碌到深夜。有时面对案卷，叹息不已。我便问他：'你为何叹息？'我感到奇怪：'死囚还能够求生？'他说：'夫人有所不知，我为死囚寻求生路，实际上是为了维护法纪的尊严；如果不该处死却没有发现，这岂不是渎职？'他就指着褓褓对我说：'我不能看孩子长大了，希望你今后把我的话告诉孩子：人不要贪财图利，生活上不要过分追求，要孝敬长辈，要有一颗善良的心。'这是你父亲的遗言，望你好好勉励自己。"

这件事对欧阳修影响很大，尤其是母亲的教诲，他更是铭记心中。后来，欧阳修做了官，任参知政事。夫历三年（1043 年），他因积极支持范仲淹、维持新法被贬职。被贬夷陵（今湖北宜昌）时，就曾纠正了不少冤狱错案。有一天，郑氏还对欧阳修讲起他父亲欧阳观清廉俭朴的故事来。她说："你父亲为官，清廉自守却很愿意帮助别人，还喜欢接待宾客。他的俸禄原本微薄，因而常常没有剩余，但从来不收非分之财，他说：'不要为了财物坏了我的清廉！'"

郑氏还要求欧阳修为人处世必须要有自己的主见和原则，不要随声附和，随波逐流，在生活上则要节俭朴实。

宋仁宗皇祐四年（1052年）三月，郑氏病逝，享年72岁。次年，欧阳修将母亲安葬于故乡永丰县沙溪泷冈，并且写下了那篇饱含深情、千古流传的追悼母亲的《泷冈阡表》，以寄托自己的哀思。

许衡仁义守心性

许衡，字仲平，号鲁斋。他的祖辈住在乡下，务农为生，家境相当贫寒。他自幼勤读好学，即使吃糠咽菜也坚持求取知识。

当时因家贫无钱购书，许衡就常常到亲友家去借书来读，甚至跑到百里以外去借书，为了拥有自己的书籍，他每天夜里都在抄书。他天资聪颖，在攻读学问的过程中常向老师提出一些难以解答的问题，以致先后有三位先生浩叹"我不够资格当许衡的先生"而辞了教。

许衡在乡下再也找不到出色的老师了，就到洛阳去进一步求学。他读书常常联系自身，认为圣贤之言，首先是用以律己，然后才是教人；他用圣贤之理，指导自己的言行，无论说话做事，都首先考虑是否合乎道义。就这样，他随着学问的增长而逐渐长大成人。

许衡的学识与道德日增，家乡许多人都对他由衷地尊敬，都以能与他交往而自豪。沁阳县附近有一位秀才，特地备了礼物，登门去拜访他。许衡见到他送来礼物，心中不悦，向他施礼后讲："先生不嫌我愚昧，能光临寒舍，我非常欢迎。但我从不收礼，请您不要见怪！"

秀才听了这些话，很受感动，说道："许兄果然品德高尚，为人严谨，今日初次见面，使我受益非浅。"

不久，许衡赴河北大名府讲学，以期有益于世。由于他的书斋名"鲁斋"，人们便称他为"鲁斋先生"。他恭谨执教，知识渊博，传德育人，深受生员的喜爱。他对学生不分贫富，一视同仁。

一个下雪天，有位学生冒着大风雪前来求教。许衡见他冻得发抖，就把自己身上的棉袄脱给他穿，并关切地问："为何只穿单衣出门？"

学生答："家母患病，我当掉棉衣，拿去换药了。"许衡立即取出两贯铜钱，送给他以赎回棉衣。对方知道他并不富足，推辞不要。

许衡说："我助你克服眼前困难，并不影响到我的生计。况且古人讲得好：'钱财如粪土，仁义值千金。'这点钱你就拿着吧。"他把钱硬塞给了那位贫寒的学生。

元宪宗四年（1254年），忽必烈在秦中为王，任命许衡为京兆（今陕西省西安市）提学，许衡便在各郡县创办学堂，进行道德教育，教育学生通晓礼义。

忽必烈当上皇帝（即元世祖）后，深知许衡所见甚广、品德高尚，于是诏令许衡在朝廷任职。许衡受命议事中书省，任职期间"不为利回"、"不为权屈"，有元代"魏征"之称。

你仁我义结近邻

在山东省"江北水城"聊城市的老城区东大街和安徽省桐城都有一条小胡同——"仁义胡同"，说起来还有一段故事呢：

原来，这里住着只有一墙之隔的两家人，一家有儿子在京为官，一家是布衣百姓。为官的一家要扩建房屋，把两家共有的院墙推倒，在原址上砌起自己家的山墙。另一家对此大为不满，于是发生了争执。为此，为官的一家写信给远在京城的儿子，不料那个官儿子回信道：

千里来书为堵墙，让他三尺又何妨。

长城万里今犹在，不见当年秦始皇。

于是家人主动退让三尺，另一家深受感染，也主动向后退让三尺，这样两家宅基之间出现了一条六尺宽的窄胡同。后来，清康熙帝由此路过听说了此事，就亲笔书写了"仁义胡同"的横匾以旌其德，一时被后人传为美谈。

还有一个几乎同样的故事——

明朝时，东鲁地方有个姓董的在京城做官。他为人正直清廉，办案公正，深受百姓的爱戴。在他老家和邻居家之间有一小块空地，双方都想在这里砌围墙时多占一点地方，两家人你不让我，我不让你，闹得不可开交，墙也就没法砌了。

这时，董大人的一个侄子出了个主意，他说："我们怕什么！我们有亲戚在京城里做大官。我们写信去，只要他出面给我们撑腰，到时候，隔壁那家伙老老实实地会给我们腾地方出来。"

于是，家人们立刻写了一封信，托人送给在京城的董大人。

董大人很快就写了回信，请人捎了回来。家里人看到董大人这么快写来了回信，都十分高兴，以为有当官的亲戚出头帮忙，一定能斗败对方了。

谁知，家人拆开信一看，里面只写着四句诗：

千里捎书只为墙，不禁使我笑断肠。

你仁我义结近邻，让出两墙有何妨。

原来董大人规劝他们和邻居们要和睦相处，自己应该主动礼让别人。

开始家里人有点儿失望，心想自家人怎么不帮自家人呢？这么点小事，居然都不愿意帮忙！后来，家人平心静气地想了想，觉得董大人这几句话说得有理，大家都是邻居，砌墙既然是一桩小事，自己又何必大动干戈，双方伤了和气呢。于是，董家在砌墙时主动让出了不少地方来。

而隔壁邻居知道情况后，深感惭愧，别人作为大官家属，不但没有倚仗特权，反而主动先做出了让步，所以邻居也跟着立刻让出了一大段的地方。

结果，两家的围墙砌好之后，中间居然形成了一条八尺宽的过道。后来，人们就把这条过道称为"仁义胡同"，董大人"让出两墙有何妨"的故事也随之传开，被后人传为美谈。

心送朋友三十里

"君自保重，我心送你三十里。"王夫之拖着病弱的身体，将来访的朋友送出草堂的门，诚恳地对他说。

那个朋友回身看着白须飘飘的老人，感动得嘴唇翕动着，却说不出一句话来。他的心里，在倒海翻江啊——

王夫之，字而农，号姜斋，别号一壶道人，湖南衡阳人，是明末清初著名的思想家、哲学家。晚年他晦住在家乡的石船山，所以被人们尊称为"船山先生"。他的造诣与名声四海知闻，时人将其视为泰山北斗，都以结识他为荣；能够在他跟前聆教，那是一生的幸事。

船山先生又是一位非常有骨气的志士。为了事业和理想，不为利禄所诱，不受权势所压，历尽千辛万苦，仍旧矢志不渝。他在青年时代曾目睹明朝腐败，便上书要求改革，却因此受到迫害，几乎丧命。明朝灭亡后，他在家乡衡阳举兵抗清，阻击清军南下，只可惜没有成功。后来他隐居船山，筑成"湘西草堂"居住，潜心治学，撰写著述，有四百多卷著作。

船山老人晚年身体不好，加上生活很贫困，有时连写作用的纸笔都要靠朋友、学生周济。但他依然每日著述不倦，以至"腕不胜砚"、"指不胜笔"。

他的生性耿介，绝不迎合权贵，更不屈从异族。在他71岁时，清朝廷的一位官僚来到船山拜访这位大学者，并给他赠送吃穿用品。当时王船山正在病中，认为自己是明朝遗臣，所以拒不会客，并退回礼物。那位官僚自讨没趣，只好悄然而去。船山老人为此还写了一副对联，以表自己的铮铮傲骨："清风有意难留我，明月无心自照人。"这里，"清"暗指清政府，"明"暗指明朝。

然而，王船山对朋友、对学生，却非常谦和有礼，热情好客。只要来访的客人到了船山，他必定放下手头的工作招待人家，即使身体有病，也强挣起床待客……

此时，这位远方来的朋友，回身看着船山老人，心头热得发烫，眼眶热得发潮。自己今天来看他，虽是初次见面，却有如知己相逢。老人盛情接待，双方把酒对酌，席间谈论时局，谈得十分投机。现在，他要告辞了，体弱多病的船山老人却坚持要送他走出草堂，说的这句话是何等情深义重："君自保重，我心送你三十里。"

友人依依而别，走了十五里，天空飘起细雨，这才猛然想起忘了拿雨伞。于是，他又转身回到船山家。

这时，远远只见船山老人仍毕恭毕敬地站在原地，"心送"朋友走完三十里……

远送亡友归故土

他俩都是江苏省常州郡人。洪亮吉，字君直，一字稚存，号北江，家住阳湖边上；黄仲则，名景仁，字汉镛，号鹿菲子，家住武进城中。两家离得不是太远，小时候就相互认识了，在一起玩耍、读书、游学，又都喜爱写诗，因而结下了很深挚的情谊。长大成人后，为了报国的理想，也为了找门路养家，两人就结伴去了北京。洪亮吉虽考中了进士，但在京中并不得意；黄仲则却落榜了，混得更不好。

适逢任陕西巡抚的毕秋帆很赏识他俩的才华，写信来邀他两个到陕西去，还送来了盘缠。洪亮吉欣然欲往，可是，黄仲则是个倔性子，很不服气自己的满腹才学考不中进士，不混出个脸面来就不愿离开京城。洪亮吉怎么也劝他不动，只好只身前往陕西长安。在分手之际，两人执手相看泪眼，都哽咽难言……

洪亮吉到达长安之后，做了毕巡抚的幕僚。他与京中的黄仲则时有书信往还。

"仲则如今怎么样了呢？"洪亮吉感到揪心的一阵疼痛。自己来到长安，生活无忧，闲暇还可以跟毕秋帆对酌聊天、谈诗作赋；而黄仲则身边仅有一个从故乡带出来的书童陪伴着，在北京竭力奋斗着，他能支撑下去么？

洪亮吉那颗心直往下沉。就在这当儿，家仆匆匆走来，说毕巡抚有急事找他。洪亮吉慌忙跟着仆人，进入府中见毕秋帆。

毕秋帆眼有泪光，默默递给洪亮吉一封信。洪亮吉感到不妙，两手哆嗦地把信展开来看。这是一张破烂的信纸，字也写得有些歪扭，说的是：我在京城已撑不下去，本打算也到陕西投奔毕秋帆兄，可是才走到这山西运城，肺病复发，无钱医治，自感生命行将结束，便写此信给兄台，希望你能赶来山西，小弟有后事需要嘱托云云。

信未读完，洪亮吉早已满脸是泪，把信纸全打湿了。

毕秋帆声音梗塞地说："我有公务在身，是没有办法走开了。我已为你备好了马匹，再把这些银子带上，你就快去吧！"说着，把一个鼓囊囊的袋子塞到洪亮吉的手上。

洪亮吉也不推辞，揣上银子，跨上马鞍，纵缰扬鞭，便飞驰出长安直奔山西。日夜兼程跑了四天三夜，这天傍晚终于赶到了运城。可是，当他冲进黄仲则所在的一间破庙时，昏惨惨的庙中，阴冷冷的地上，黄仲则已经去世。就见一口七尺棺材外，飞舞着几张诗稿，以及黄仲则搁在身边的一本诗集，还有写给家人的遗书，竟再也没有其他像样的东西了。那口棺材想必是那个跟随他的书童所置办的，但此时却早已不见了书童的身影。

洪亮吉跪倒在黄仲则的遗体旁嚎啕大哭，哭得声嘶力竭，哭得死去活来。

他终于哭停了，咬牙下了决心：送黄仲则回老家去！他生前不能回乡，死后也要入故土！

这样，洪亮吉牵着一匹白马，白马后拉着一具棺材，棺材里躺着那个时代最有才华的一个青年诗人；棺材外走着的，是那个时代同样优秀的一个诗人、学者。他们是朋友，他们相伴着要回老家去！

从山西运城到江苏常州，这一路有多遥远啊！这是怎样的一幅画面呢？这是怎样的一种友谊呢？

多民族孤儿的妈妈

这是中国最西北的一个小县城。连日的降雪给这片广袤的草原披上了银装，气温也骤降到了零下 30 多度。2009 年 12 月 10 号上午，回族青年王作林急匆匆从一百多公里外的村里赶回了清河县城，看望他病重的维吾尔族妈妈——阿尼帕老人。

这个普通的院落，是王作林和他的 18 个不同民族、不同血脉的兄弟姐妹们一起长大的地方。如今，他们已各自成家立业，但这个宁静的小院和 70 岁的老母亲阿尼帕一直是他们心中最大的牵挂。

和所有的家庭一样，全家福记载着一家人最幸福的时光。

1963 年，阿尼帕已经是 6 个孩子的母亲，丈夫阿比包在县公安局工作，加上弟妹，10 口之家的生活全靠着丈夫每月 45 元的工资支撑着。生活拮据但日子过得却其乐融融。可是就在这年冬天，和阿尼帕一墙之隔的哈萨克邻居亚合甫夫妇不幸相继去世，撇下了3个不满十岁的孩子。

阿尼帕看到这三个失去父母的孩子十分可怜，就把他们接回了自己的家。阿尼帕心里明白，在当时那个物质匮乏的年代，多一张嘴就意味着多一份生活的艰难。

今年已经53岁的托乎提是阿尼帕老妈妈最初收养的三兄弟之一，那时他只有8岁，回想起当年阿尼帕妈妈收养他们的情景，至今仍记忆犹新。

之后的十年间，阿尼帕又先后收养了回族孤儿王淑珍，王作林兄妹4人，汉族孤儿金海、金花和金雪莲，这时，她和丈夫抚养的孩子增加到了19个。

流浪街头的小淑珍当时头上长满了头癣和癫疮，头上没有一根头发，满是脓血。阿尼帕带着她四处求医问药，经过两个多月的清洗和治疗，小淑珍的头上终于长出了黑茸茸的毛发。

一直到现在，王淑珍始终保留着长长的黑发，她说这是妈妈给她最珍贵的礼物。

为了保证全家20多口人的一日三餐，阿尼帕专门买了一口直径1米2的大铁锅，她几乎把家里的全部收入都换成了食物，春天粮食不够吃，她就去地里挖野菜，秋天还要出去捡麦子、收土豆。尽管如此，生活依然捉襟见肘。为了多赚些钱为孩子们交学费做衣服，丈夫阿比包下班后就去为工地打土块，而阿尼帕也在县食品厂找到了一份洗羊肚和羊肠的工作。

阿尼帕夫妇的目标不仅仅是让孩子们能吃饱，还要让孩子们有学上。家里用不起电灯，阿尼帕就用破棉絮搓成条，做成小油灯，19个孩子们就在这一盏盏跳动的灯光下读书学习，上完了小上学、中学。孩子们没有一个因为家里贫穷而辍学。

正是因为阿尼帕对这个特殊大家庭付出的艰辛，让兄弟姐妹们早早就懂得了珍惜，懂得了相互关爱。今年已经33岁的热阿黑是阿尼帕最小的亲生女儿，回忆起当时的生活，她的心里充满了辛酸和感动。

阿尼帕的 19 个孩子在她含辛茹苦的照料下渐渐长大，四十年的岁月，这份大爱也逐渐打动了周围的邻居们。

最美乡村女校长

2009 年，中原大地再次走出一位感动中国人物，她就是"中国最美乡村女校长"李灵。2009 年 12 月，经"感动中国"推委会和相关媒体推荐，李灵顺利入选 2009 年感动中国人物候选人。经过网络投票和"感动中国"评委会的共同评选，她最终获评"2009 感动中国年度人物"。

2009 年度感动中国人物评选组委会授予李灵的颁奖辞说道："一切从零开始，从乡村开始，从识字和算术开始。别人离开的时候她留下来，别人收获的时候她还在耕作，她挑着孩子沉甸甸的梦想，她在春天播下希望的种子，她是 80 后！"

李灵，今年 28 岁。2002 年，刚从淮阳师范毕业的李灵，看到农村有大量留守儿童辍学在家，便萌生了在家乡办学的念头。在父母和亲朋的支持下，她办起了周口淮阳许湾乡希望小学。在学校，她是校长兼思想品德老师。在她的一手操持下，这个学校有了 7 个班，一到四年级各 1 个，还有 3 个学前班，300 多名学生。为了自己学校的孩子能像其他学校的孩子一样坐在宽敞的阅览室里看书阅读，李灵趁着放暑假，向爸爸要了 200 元钱只身来到郑州，买了一辆破旧三轮车，收购旧教辅和儿童读物。烈日下，李灵骑着破三轮车穿街过巷，拿着秤一斤斤地回收旧书本，满头大汗地装载着"精神食粮"，每顿饭只吃两个烧饼。7 年来为留守儿童撑起梦想天空，挪 20 万元家里积蓄、欠 8 万元外债。

这个纯真的姑娘并没有意识到媒体的追访会对她的未来产生什么影响，

更不会想到短短几个月后的今天，她竟然能入选"感动中国"人物。

北京师范大学教授于丹这样评价李灵："在自己可以开花的年华上，李灵却做了孩子们的泥土，滋养更多花开。她用一个小女子的担当许给家乡孩子一片未来。"

李灵当选感动中国年度人物后说，她并没有感受到压力，"我觉得自己一定要摆正心态，我就是一名普通的农村教师"。奖项将带给李灵更多的是动力，"获奖后，我觉得自己带领留守儿童所走的道路将会更宽！"

李灵的希望小学目前已经呈现出了很好的发展势头。李灵说，她现在有两个愿望：第一个愿望，就是希望新学校早日建成。这样，孩子们就可以在更宽敞的教室里、更好的环境口学习了。李灵希望新学校有间很大的图书室，还希望建一间电教室。"这样孩子们就可以通过网络视频，经常和远在千里之外打工的爸爸妈妈见面聊天了，可以了却孩子们的思念之苦。"

李灵的第二个愿望，就是能够建立一个"李灵关爱留守儿童基金"。"前段时间，慈善总会和我联系，提出建立基金的事情，我很高兴，我希望能够为农村留守儿童奉献自己的微薄之力。"李灵说，基金建立后，就可以帮助更多的农村贫困孩子建图书室，同时为孩子们提供更多生活方面的帮助。（来源：大河网）

爱的世界没有力学

对生命的敬畏和尊重，原是一切真、善、美的根本。

连日来，接抱坠楼女童的"最美妈妈"吴菊萍引发了海内外的集体感动。日前，杭州市授予其"见义勇为积极分子"和"三八红旗手"称号，称她的事迹"体现了中华民族的传统美德和人性大爱"。吴菊萍不计后果的爱心托举，不仅给坠楼女童妞妞带来了生的希望，也激发着全社会的向善力量。

素不相识的人们在妞妞居住的小区点燃爱心蜡烛，为妞妞祈福；因受伤无法哺乳，一位孩子刚满两个月的年轻母亲要为吴菊萍哺育孩子；北京企业家夫妇专程赶到杭州，分别为妞妞和吴菊萍捐出 10 万元爱心款；医院组织最好的专家，正在全力抢救妞妞和"最美妈妈"；而吴菊萍也获得了自己所在公司的 20 万元奖励，并被允许带薪休养……

从一群人到另一群人，从一个机构到另一个机构，从媒体的积极传播到守望爱心的制度回应，因吴菊萍义举而激发的爱心接力，折射着人性的光辉，引导着社会向善。在这个炎热的夏季，有什么比这更能抚慰人们的心灵呢？

"爱的世界没有力学。"网络上，年轻的 80 后、90 后正在热烈地讨论吴菊萍爱的力量源自何处。的确，敬畏生命，尊重生命，就不会仅仅把爱心局限于自己，局限于家人，就能感受到生存的价值和意义，世界就会在我们面前呈现出无限的生机。

回顾近来种种感人的爱心救人事件，无论是杭州托举生命的"最美妈妈"，还是深圳无惧危险以"天使之吻"救下轻生男的"最美少女"，或是为救素不相识的白血病少女弃考捐骨髓的湖北大学生杨力伟（化名），他们都这样回应社会的赞誉——鲜活的生命就在那里，我不能什么也不做，看着他（她）消失。对生命的敬畏和尊重，原是一切真、善、美的根本。

尊重生命，护佑生命，把生命提高到最有价值的地位。这样的生命意识激发社会向善力量，于个人言，是对自身生命的备加珍惜，对生活的信心；于他人言，是通过爱心善意可以帮助改变妞妞、轻生男、白血病少女等个体的命运；于整个社会言，则有助于建立起和谐的社会关系，改变社会群体的命运。

这于当下尤其有着强烈的现实意义。如果我们能多一些对生命的热爱与责任，花季少年就不会轻易地选择轻生，年轻夫妻便不会轻率地让刚刚出生的孩子成为"愤怒的牺牲品"，药家鑫带给他人与自己的"生命之痛"可能不会发生；如果那些道德沦丧的毒奶粉生产企业、利欲熏心的煤矿业主、热衷强拆出一个"光辉 GDP"的地方干部，能多一份对生命的敬畏，我们的社会就能更加和谐，才有美好未来。

1932年，陶行知先生在《中国的人命》中写道，只有等到人命贵于财富，人命贵于安乐，人命贵于名誉，人命贵于权贵，人命贵于一切时，中国才站得起来。80年后，在"最美妈妈"用爱托举生命的感动中，在素不相识的人们护佑生命的爱的接力中，再次咀嚼这段话，感受着这种前行的力量。（来源：人民日报）

不离不弃杨华萍

杨华萍，江苏常州人，曾经选"2013温暖中国"十大好人。

上个世纪七十年代，徐志堂26岁，遭遇了一场飞来横祸，在工余休息的时候，被一块从天而降的大石头砸中了背部，造成腰部以下失去知觉。瘫痪在床，还丧失了生育能力。面对这样的灾难，正值青春年华的杨华萍，站在人生择决的十字路口，她选择了不离不弃。在悲伤地哭了两天之后，顶着家里所有亲戚的反对——甚至徐志堂的父母都好生相劝："反正还没有结婚，就分手吧，不能耽误了你一辈子的幸福。"——杨华萍毅然决然地嫁给徐志堂。

在一起，无需任何承诺。直到有一次社区工作人员上门看望他们夫妇，杨华萍拿出结婚证，大家才知道他们的结婚证是1992年才领的——妇联专门安排人员上门为他们拍了结婚照，发了结婚证。大家对徐志堂开玩笑说："从七十年代到九十年代，你们都没领结婚证，杨华萍随时都可以扔下你一走了之的。"徐志堂满脸幸福地说："她这么善良的人，会照顾我一辈子的。"

三十几年来杨华萍没有睡过一个安稳觉，每天给徐志堂洗漱、按摩、伺候大小便，锻炼上肢肌肉保持体力，每过一个半小时，一定要给徐志堂翻身，以免长褥疮。她学会了按摩，学会了输液，还学会了针灸等。

为了让徐志堂能够起床活动，杨华萍叫家人帮忙做了一副双杠安放在床边，每隔一天杨华萍都要为徐志堂穿戴整齐，起床"散步"。说起散步，杨华萍可是动足了脑子，如何让徐志堂站起来，杨华萍作过很多尝试，后来，她从盲人的竹杖上有了灵感。杨华萍制作了特殊的"裤子"——四根竹棒制成的裤子，她把两根竹棒绑在徐志堂的膝盖处，将徐志堂无力的大小腿固定起来，然后肩膀再撑起两根竹拐，这样，徐志堂就可以在家中"步行"锻炼了。

就这样慢慢地，一点点的，高位截瘫的徐志堂经过杨华萍制定的特殊训练方法，下肢肌肉没有萎缩，能站起来了。杨华萍将爱心倾注在徐志堂身上，用爱的力量将他支撑了起来！

幸福是什么？在他们俩人看来，就是相互搀扶一起生活、说说相互安慰的话，就是妻子帮助丈夫擦擦背，就是丈夫对妻子的一个微笑。真正的幸福，就是对日复一日平淡生活的热爱。

义

　　"义"是由春秋战国时代的孔子和孟子等先哲，在继承和发展商周时期正义、公平、禁民为非等思想的基础上，概括提升出来的核心伦理道德规范。孟子说："生亦我所欲也，义亦我所欲也；二者不可得兼，舍生而取义者也。"这种在终极意义上的取舍选择就是价值观，把"义"看作是一切利益的基础和根本。这成为中华民族的传统美德。

"义"与"仁"

　　"义"与"仁"同为中华传统美德最核心、最基本的两德，孟子讲："仁，人之安宅也；义，人之正路也。""仁，人心也，义，人路也。""居仁由义。""仁"是内在修养，"义"是行为准则。"仁也者，人也。合而言之，道也。""仁"是"人"之所以为人所体现的精神，而"人"是"仁"的精神的载体，把"人"和"仁"合而为一，也就是说把这种精神以及承载它的物本合二为一就是道。"义"为行事所必然之最佳状态，是"仁"之德的具体表现。孔子强调"杀身成仁"，孟子强调"舍生取义"。"义"与"仁"并用为道德的代表。所以我们常常强调"仁义道德"、"仁至义尽",反对"假仁假义"。

大义的内涵是道义、正义、公义。孔子说:"富与贵是人之所欲也,不以其道得之,不处也。"道一般指天地正道。"义"是合宜、应该的意思,是作为人应该遵循的最高道义、社会公义,应该归依的人间正义。把"义"作为人的根本特点和基本价值取向,是中华道德精神的精蕴。作为判断是非善恶的基本道德规范,"义"是为人立身处世的根本,是人间正道的准则和向导。在中华文化中,"义"是人之为人的根据,对人生的终极目标和根本价值的思考与追求,体现为对"义"的思考与追求。"义"成为一种人生观、人生价值观,在我们的生活中随处可见,见于常用词汇的便有"见义勇为"、"义不容辞"、"义无反顾"、"大义凛然"、"大义灭亲"、"义正辞严"等。"义"也是人生的一种责任和奉献,"义诊"、"义演"、"义卖"、"义务"……至今仍是中国人崇尚道德的代名词。

"义"的内涵随着时代的发展不断更新、外延,一直活在中华儿女的心中口中,并没有过时。现代社会呼声最高的是"公平正义",最受钦佩的是见义勇为行为,全社会对见义勇为的道德模范无不心存敬意。

"义"与"利"

荣辱、诚伪之外,义利是另一对重要范畴。"义"与"利"关系的处理是价值观的核心问题,至今仍是道德的试金石。见利思义、以义制利、义以为上,是重要的中华传统美德,在市场经济中特别要讲究"义利之辨"。

在漫长的历史时期,利益驱动在一定意义上是人类进步的杠杆,我国历史已经证明,过早一概批判"物质刺激",不利于生产力发展。但是,在中华传统文化中,我们的往圣先贤也看到如果没有道德的约束和引领,过分强调"利",会产生严重的社会问题;于是便对国家社会的管理者有一个基本的要求,就是要能够引导人们不要一切都以"利"为前提,而要着眼于道义。所以孟子在见到各诸侯国的国君时谈得最多的就是"义利之辨",

也就是首先要处理好道义原则和功利原则的关系。

如前所述，功利意识在一定条件下可以成为积极的动因，过分压抑它，往往容易弱化社会的激活机制；但市场经济如果一味强调利益的最大化，并使这种利益计较公开化和合理化，甚至以"利"摒弃"义"，这就必然导致功利意识过度膨胀，使人的价值追求走向歧途。

道义原则一旦被功利的权衡所弱化甚至排斥，就会造成：一方面本应大写的"人"被不断工具化，异化成外在功利的附庸；另一方面由于个人和群体之间的利益往往并不一致，在失去具有普遍性品格的"义"的调节的情况下，整个社会就很难遇免紧张与冲突。如何处理"义"与"利"的关系成为价值观的核心问题，并且是人类长久的课题。在拨乱反正时强调一下物质利益、发财致富是可以理解的，但是不能长期过分宣传发财和对物质的追求，在舆论上也要讲究生态平衡，要掌握好"度"。现在社会上过分功利化的风气已十分明显，见利忘义之事也屡见不鲜，亟需大力提倡正确的义利观。

古人所谓"正其谊（义）不谋其利"，从字面上看显然太偏激，其实就像我们讲"大公无私"一样，这是一种强调，不充分强调"义"和"公"，就不足以抑制"利"和"私"的膨胀和消极作用。我们的舆论引导应当像强调先公后私、先人后己一样，强调以义制利、义以为上，当遇到利益的时候，要先考虑"义"，碰到危险的时候，要挺身而出，以"义"为先，以此来抑制见利背义、要利不要义、赚昧心钱、发害人财等道德沦丧之风。帮助人们正确对待金钱财富物质欲望，对立正确的人生价值观。

如何来平衡"义"与"利"的关系呢？孔子对待子路与子贡救人之事的态度可以给我们启发。

春秋时期鲁国法律规定，如果鲁国人在外沦为奴隶，有人出钱将他们赎回，可以到国库报销，得到经济上的补偿。子贡是经商的，比较富有。他响应国家的赎奴号召，赎回了在外沦为奴隶的鲁国人，但不愿意接受国家的补偿。而子路呢？是孔子学生中武艺最好的。有一次，孔子带着子路游学访问。途中救起个落水的孩子，孩子的父母表示感谢，把家里唯一值钱的一头牛送给了子路，子路欣然接受了。孔子对两个弟子的行为的评价是："子贡让而止善，子路受而劝德。"因为子贡的作法虽然高尚，但是建立在他雄厚的个人资本上的，他不接受奖励，就给后来者形成无形的道德压力，往后那些赎人之后去向国家要钱的人，不但可能再也得不到大家的称赞，甚至可能会被国人嘲笑，责问他们为什么不能像子贡一样为国分忧。子贡此举是把"义"和"利"对立起来了，所以不但不是善事，反而帮了倒忙，使后来者也不得不拒领补偿。可是后来者多半不像子贡那样富有，这样赎奴的好事就越来越无人做了，这绝不是鲁国所期望的。而子路的行为使这个国家的娃娃有福气了，一旦遇到危险，总是有人会救。为什么呢？因为子路救娃得了头牛，既做了好事受到赞美，又得到了应得的酬劳，这等好事谁不愿意做呢！

当前，世界上有些国家对于失主应给予拾金不昧者财物酬谢方面有着法律规定。我国 2007 年 10 月 1 日起施行的《物权法》也对拾金不昧作了规定："权利人领取遗失物时，应当向拾得人或者有关部门支付保管遗失物等支出的必要费用。"也就是说，我国的法律也承认了市场经济条件下拾金不昧者对利益的要求。这才是正视现实的务实之举。有的省市已颁布新规——拾金不昧将得 10% 奖励，这是顺应时代需要的维护道德之举，是一种进步之举。

现在我国制定保护见义勇为的法律，许多地方设立见义勇为的基金，不让英雄"流血后流泪"，便是一种鼓励良好道德风气的义举。

"义"与"情"

"义"在我国以及东亚东南亚各个国家的民间社会影响深远，情况也复杂。

　　过去时代的民间社会，在个体生产者群体中，特别看重个人义气。"在家靠父母，出门靠朋友"，哥们义气倍受推崇。《三国演义》中的"桃园三结义"成为样板，尤其是关公（羽），影响深远。直至现在，许多商家把关公供奉为财神，这是值得关注的文化现象。

　　关公信仰已被列入国家级非物质文化遗产名录，属于民间信仰（俗信）。确实，根值于民族民间文化的沃土，在民间流传千百年的关羽形象，积淀着深厚的民族精神和民族品格，我们应当加以重新解读和阐释，用以弘扬重义精神。

　　关羽形象的一大特点是"义薄云天"，成为"义"的化身。"桃园三结义"之后，他始终忠诚于结义事业，践履道义，鞠躬尽瘁死而后已。在刘备兵败溃散时，关羽被曹操所困，"屯土山约三事"，关键的一条是：但知刘备去向，"虽蹈水火，必往从之"。曹操想尽办法厚待他、笼络他，三日一小宴、五日一大宴，上马一提金、下马一提银，高官，美女，他都不动心，唯独送他赤兔马，他高兴地拜受。曹操问他为何贱人而重马？他说骑这千里马可以很快去见到刘备。果然一知刘备下落，他立即挂印封金，千里走单骑，过五关斩六将，战胜千难万险回到刘备身边。关羽不以强弱悬殊而攀高枝投强势，不以个人利益定避趋，不为富贵、美色所诱惑，表现了中华民族所崇尚的重义守诚，富贵不能淫、贫贱不能移、威武不能屈的品格。

　　所以，在当下应当让商家明白，他们供奉关羽最应当效法的是他的"义以为上"、"重义轻利"的精神，走以义制利、义以生利的路，而不是奉他为"财神"，为自己不择手段敛取不义之财的行为提供庇佑。

　　当然，以个体情义为基础的个人义气容易为小集团的利益所局限，甚至会被不正当的利益集团或帮会组织所利用。即如关公的义也有意气用事的局限性。《水浒传》中李逵的义既有十分可爱可贵的一面，但也有很大局限性，最后被错误路线所捆绑，成为所谓的集团利益的牺牲品。相对于最高的道义（大义）而言，这种"义"只能称为小义。

小团体的宗旨、个体间的情义，都应当与大义保持一致。如果个体的利益与大义相背离，甚至违反大义，那就应当晓以大义，自觉地以大义为重、服从大义，克服小团体和个人的局限性。让道义成为成就生命的最坚实的基础和保障。

第四届全国道德模范颁奖典礼献见义勇为模范（义）致敬辞

见义勇为，以义为先。或临危不惧，赴汤蹈火；或生死瞬间，舍己救人；或扶正祛邪，惩恶扬善。这桩桩件件，是担当道义，匡扶正义，舍生取义。是一个民族的侠肝义胆，是华夏儿女义薄云天。有了这份高义，我们就有坚韧、有果敢，就能战胜邪恶，不畏艰险，中华圆梦就能高扬风帆，勇往直前！

格言

见义不为，无勇也。——《论语·为政》

【简释】见到合乎道义应该做的事而不去做，就是没有勇的表现。（智、仁、勇并成为"三达德"）

子曰："君子之于天下也，无适也，无莫也，义之与比。"——《论语·里仁》

【简释】孔子说："君子对于天下的事情，没有说什么事是可以做的，也没有说什么事是不可以做的，唯有依从义来行事。"

子曰："放于利而行，多怨。"——《论语·里仁》

【简释】孔子说："完全依据利益多少来行事，就会多招怨恨。"

君子喻于义，小人喻于利。——《论语·里仁》

【简释】君子明白做人之道，所以对于义笃信不疑。小人明白如何生存之法，所以对于利趋之若鹜。

不义而富且贵，于我如浮云。——《论语·述而》

【简释】用不仁义的方法得到的荣华富贵，对我来讲就好像天上的浮云一样。

见利思义，见危授命，久要不忘平生之言，亦可以为成人矣。——《论语·宪问》

【简释】看见利益便能想到正义，遇到危险而愿付出生命，长久处于穷困中都不忘记平日的诺言，也可以说是完美的人了。

子曰："君子义以为质，礼以行之，孙以出之，信以成之。君子哉！"——《论语·卫灵公》

【简释】孔子说："君子以义为根本，以礼来施行，以谦逊的语言来表达，以诚信的态度来成就，这就是君子啊！"

仁，人之安宅也；义，人之正路也。旷安宅而弗居，舍正路而不由，哀哉！——《孟子·离娄上》

【简释】仁是人的安身之所，义是人的正确道路。让安身之所空着而不去居住，放弃正确的道路而不去走，可悲啊！

生，亦我所欲也；义，亦我所欲也。二者不可得兼，舍生而取义者也。——《孟子·告子上》

【简释】生命，也是我所珍惜的；正义，也是我所珍惜的。在二者不可同时得到时，就舍弃生命而维护正义。成语"舍生取义"就出自这里。

先义后利者荣，先利而后义者辱。——《荀子·荣辱》

【简释】能先考虑道义而后才考虑个人私利的人是光荣的，把自己的利益得失摆在第一位，把道义放在后头的人则是可耻的。

临财毋苟得，临难毋苟免。——《礼记·曲礼上》

【简释】面对财物不要苟且取得，面对危难不要苟且逃避。

国尔忘家，公尔忘私。利不苟就，害不苟去，惟义所在。——西汉·贾谊《新书·阶级》

【简释】 因为国而忘掉家，因为公而忘掉私，有利了不苟且趋从，有害了也不苟且回避，只按正义行事。

不义而强。其毙必速。——《左传·昭公元年》

【简释】 用不合乎道义的手段变得强大，其灭亡一定很快。

世治则以义卫身，世乱则以身卫义。——《淮南子·缪称训》

【简释】 在天下太平时，就用大义来防止自身腐化堕落；国家动乱之时，就用自身来卫护大义。

君子之学进于道，小人之学进于利。——隋·王通《中说·天地》

【简释】 君子求学，在于力行正道；小人求学，在于追求利益。

天下将治，则人必尚义也：天下将乱．则人必尚利也。——北宋·邵雍《皇极经世·观物内篇之七》

【简释】 天下即将太平．那么人们必定崇尚正义；天下将要混乱，人们就必定崇尚私利。

仁义根于人心之固有，天理之公也。利心生于物我之相形，人欲之私也。循天理，则不求利而自无不利；殉人欲，则求利未得而害已随之。——北宋·朱熹《孟子集注》卷一

【简释】 仁爱和正义扎根于人心之中，为人心固有，这是天理所体现的公。利欲之心产生于物和我的形体之中，这是人欲所表现的私。遵循天理而行，不去求取利益，自己无往而不利；放纵人欲去做，利益而

没有获得，危害已经随之而来了。

　　饮食者，天理也。要求美味，人欲也。——《朱子语类·力行》
　　【简释】日常饮食就是天理；追求味道的鲜美便是人欲。

　　塞得物欲之路，才堪辟道义之门；弛得尘俗之肩，方可挑圣贤之担。——明·洪应明《菜根谭·修省》
　　【简释】堵塞住物质欲望的道路，才能够打开道义之门；放下肩上世俗的东西，才能够挑起圣贤的重担。

　　不以一己之利为利，而使天下受其利；不以一己之害为害，而使天下释其害。——清·黄宗羲《明夷待访录·原君》
　　【简释】不要把自己的一点私利当作（要谋取的）利益，而要让天下人都得利益；不要把自己的一点祸害当作（要避开的）祸害，而要让天下人都能避开祸害。

故事

程婴义救赵氏孤

程婴是晋国大臣赵朔的好朋友。

晋景公三年(前597年),担任司寇的奸臣屠岸贾作乱,图谋控制晋国政权,决定首先消灭赵氏势力,于是设计灭了赵氏全族三百多口人。

赵朔的妻子是灵公的姐姐,也就是景公的姑姑,她在屠岸贾作乱时躲进了景公的宫里,屠岸贾顾忌她的身份,不敢追进宫里赶尽杀绝。当时,她已经怀着赵朔的孩子,即将临盆了。

过了没多久,赵朔的妻子生下一个男孩,取名赵武。屠岸贾知道了,就带人到宫里搜查。赵夫人急中生智,把婴儿藏在裤子里,用裙子遮住。结果,当屠岸贾搜查到赵夫人身边时,婴儿竟然没有出声。屠岸贾走后,赵夫人把婴儿秘密地转交给门客公孙杵臼,然后就上吊自尽了。

公孙杵臼和程婴辗转把婴儿带出了宫。他俩想,屠岸贾搜查一次没搜到婴儿,肯定还会再来搜查的,他的耳目又多,这可怎么办才好呢?"

杵臼说:"我有一条计策,可以保住赵武,但我们两个人中必须有一个去死。你是赵朔的好朋友,他一家那样厚待你,你应该尽力承担起难事,我做容易的,请让我去死吧!"

两个人都争着去死,要让对方活下来。最后公孙杵臼说:"你就别争了。

我都七十岁了，年纪比你大了二十年，要是让我带孩子，我怕我等不及孩子成人就死了，那有什么用？再说，人生七十古来稀，我现在死也不冤枉。"

程婴没话反驳了，咬了咬牙说："我的小儿子刚刚出生不久，正好可以代替赵氏孤儿。"

于是，程婴将襁褓裹着的亲生儿子交给公孙杵臼，让他带到山里藏了起来。然后，程婴出来向屠岸贾自首，说："我没出息，不能抚养赵朔的孩子长大。你如果能给我一千两黄金，我就告诉你那个孩子藏在哪里。"屠岸贾喜出望外，答应了他的要求。

屠岸贾带兵跟着程婴找到了杵臼和婴儿藏身的地方。杵臼看到后，假装非常愤怒，骂道："程婴，你这个无耻小人，你跟我计划藏孩子，现在又来出卖我！即使你不能跟我一起抚养他，帮助他继承先业，又怎么忍心出卖他呢！"然后，他又抱着婴儿叫道："天呀，这个孩子有什么罪呢？请你们让他活下来，只杀掉我可以吧！"可是，屠岸贾不答应，把杵臼和婴儿一起杀掉了。

屠岸贾以为赵武死了，非常高兴。程婴则背着人人唾弃的"卖友"恶名，忍辱偷生，带着孩子躲进山里，隐姓埋名，并抚养他成人。

15年之后，长大成人的赵武在韩厥、程婴等人的帮助下回到了宫中，继承了祖先的功业。掌握朝政大权多年、不可一世、横行霸道的屠岸贾则被灭了全族。

程婴罪名得除，大仇得报，大家都以为他可以快慰余生了。可是，他却要自杀。

赵武当然不答应，说："眼看着好日子马上来了，我正想竭尽全力给您养老，替您送终，您怎么就忍心抛下我去死呢？"

程婴却说："以前我不死，是要把你养大成人、报仇雪恨，现在心愿已了，如果我再不死，公孙杵臼在九泉之下会以为事情没有办成。"于是他就自杀了。

苌弘碧血照千秋

苌弘，蜀地资中（今四川省资阳市雁江区）人，生活在春秋末期，是东周的内史大夫。他博学多才，知天文地理，精星象音律，以贤能干练闻名于远近。

当时鲁国的孔子以学识渊博已经名满天下，但他也很景慕苌弘的贤良和才名，总想结识他。周敬王二年（前518年），孔子出使到京师洛阳，专程登门造访苌弘，请教韶乐与武乐的异同和不解之处。

苌弘彬彬有礼地接待了孔子，娓娓而谈。他说："武乐是周武王的乐名，韶乐是虞舜的乐名，如果用二者的功业来比较，虞舜是继尧之后治理天下，武王是伐纣以救万民，一样的功昭日月，这是不分高低的。假如以乐论乐，那么韶乐的声容宏盛，字义尽美；武乐的声容虽美，但曲调节器却隐含晦涩，稍逊于韶乐。所以说武乐壮美而有缺陷，只有韶乐可以称得上尽善尽美。"

这一番话使孔子听得连连点头，称谢不迭，随即移席作揖，拜苌弘为师。苌弘为他讲解音乐和天文，双方交流了不少知识和政见，还共同探讨了乐曲。两人相处数月，结下了很深厚的友谊。

苌弘的贤能主要还是表现在理政上。他先后辅佐东周景王、悼王、敬王三个君王，为巩固王室，作出了显著贡献。公元前525年，晋侯借卜卦为由，派员到东周朝廷取得了景王同意，借路祈福，实际隐藏着夺位的祸心。苌弘识破了晋侯的阴谋，使朝廷有所准备，才避免了一场政变的发生。

周景王二十五年（前518年）四月，景王驾崩，王子猛继位为悼王。庶出的王子朝纠集百工争位，击败王师，迫使悼王出奔。十一月，悼王忧患而病死，国政大乱。逃亡在外的悼王之弟王子匄继位是为敬王，仍然受到王子朝的威胁。苌弘有如中流砥柱，安慰敬王说："只要君民同心同德，就能举大义。王子朝做不到这点，不足为虑。"他为周敬王的复国竭忠尽智，四处奔走，争取到晋国的帮助，公元前516年十二月，终于拥立周敬王在陈周复位，并以重兵守此陪都。次年一月，丧尽人心的王子朝只好卷起周室典籍依附楚国去了。

总之，苌弘勤于王事，辅佐周王，策命诸侯、公卿和大夫，客观上起到了稳定天下的作用，使百姓免于战火之苦，真是呕心沥血，鞠躬尽瘁。

然而，公元前492年，在晋国的"六卿之乱"中，因帮助范氏和中行氏，赵简子派晋大夫叔向对周王施反间计谗害他。周敬王偏听偏信，中了离间之计，全然忘记苌弘当年的复国功劳和他的赤胆忠心，竟然施用剖腹掏肠的酷刑，杀害了终身辛劳、丹心可鉴的年近九旬的苌弘。临刑前，苌弘沉痛地说："杀身之祸我并不悲哀，痛恨的是宗周不统一。"

苌弘为国冤死，河南禹县乡民将他的鲜血藏于匣子中，传说三年以后变成了碧玉。千百年来，"碧血丹心"已成了为正义事业抛头颅、洒热血，竭忠尽诚的代词，一向被人们著述吟咏所引用。

伍子胥珍重情义

吴国的大将军伍子胥带领军队，要去攻打郑国。郑国的国君郑定公一听这个消息，就感到畏惧又很焦急，就下令说："全国臣民听着！谁能够让伍子胥不来攻打我们，谁就可以得到重赏！"

命令下到全国各处，可惜没有一个人能站出来。到了第四天早上，有个年轻的渔夫手拿着一支木桨，跑来找郑定公说："我有办法让伍子胥不来攻打我们。"

郑定公一听，非常高兴，马上问他："真的吗？那太好了！请问你需要多少兵马？"

渔夫摇摇头说："我不用一兵一卒，只用这支划船的桨，就能让伍子胥班师回国。"

郑定公感到非常惊奇，也不太相信，便问："你确定这样可以让伍子胥他们回去吗？"

渔夫坚定地回答："一定可以。我早就听说伍子胥是一位很讲情义的人，我相信他听了我的话后会回去的。"

于是，年轻的渔夫就来到吴国的兵营找伍子胥。

他站在伍子胥的面前，一边唱着歌，一边敲打着船桨，唱道："芦中人，芦中人，渡过江，谁的恩？宝剑上，七星文，还给你，带在身。你今天，得意了，可记得，渔丈人？"

伍子胥看到渔夫手中的船桨，惊奇问："年轻人，你是谁？"

渔夫回答说："你没有看到我手里的这支独特的船桨吗？我父亲就是靠这支船桨过日子的，他还用这支船桨救了你的命呢。"

伍子胥一听，马上回答说："哦，我怎会不记得？以前我是楚国人，父亲伍奢、兄长伍尚都被楚平王杀死了，我逃难的时候，过昭关一夜之间愁白了头发，好不容易混过了昭关，却又遇到芦苇荡拦路，眼看追兵已近，幸亏有一个打渔的人划船将我渡过芦苇荡，救了我的命。我当时对他说一定要好好报答他，只要他想要什么，我能给的都会给他。原来你就是他的儿子呀！不过，你怎么会来到这里呢？"

渔夫说："听说你要领兵攻打我们郑国，我们的国君非常吃惊，我们两国一直都友好的，为什么一定要大开杀戒呢？我国虽然弱小，但我们全国百姓都会奋起抵抗的，最后也只会落个两败俱伤，玉石俱焚！如今，我国的国君把使者的重任交给我，希望能劝你不要攻打我们国家，我也希望你看在我死去的父亲曾经救过您的份上，不要来攻打郑国。"

伍子胥感叹地说："当初要不是你父亲救了我，我早就不在人世了，我怎么会忘记他的恩德呢？我对你父亲说过，一定要好好报答他的……"他沉吟了一下，觉得渔夫说得很有道理，于是很干脆地说："那么好，我就答应你的要求，我们不攻打郑国了！"

伍子胥说完，立刻带着军队回国去了。后来他说服了吴王，两国重新修好。他为了报答年轻的渔夫的父亲的恩德，快速从郑国撤兵，化干戈为玉帛，这种美好的行为也让后人赞叹不已。

石碏大义灭亲子

石碏是春秋时期卫国一个德高望重的老臣，为人耿直，体恤百姓疾苦。

当时卫庄公的小儿子州吁得宠，性格十分残忍暴戾。石碏有个儿子叫石厚，素来品行不端，偏偏经常与州吁混在一起。一天，石厚随着州吁驾车在街市中乱闯，搅得卫都朝歌鸡犬不宁。石碏知道了，把儿子叫回来，用鞭子狠狠地抽打了五十下，并把他锁到房内不准出来。但石厚不思悔改，越窗翻墙而逃，干脆躲到州吁府内，不肯回家。

后来卫庄公死了，公子姬完继位为卫桓公。州吁眼看他哥哥登上了王位，于是心存不轨。此时，石碏因年纪老迈又不满州吁的作为，便告老还乡了。

一次，卫桓公要到洛邑去见周王，蓄谋已久的州吁和石厚便借送行杀死了卫桓公，并篡夺了王位。为了在邻国中立威，石厚帮助州吁搜刮民脂民膏，征集乡间青壮年入伍，去攻打郑国。打胜一仗后，便高唱凯歌，班师回国。这次出兵，弄得劳民伤财，百姓怨声载道。

州吁虽然当上了国君，但见百姓都不拥戴他，十分担忧。于是，他命石厚去请已经告老还乡的石碏出来参政，以安抚民心。

石碏看到好端端的国家被州吁和石厚糟蹋得不成样子，十分痛心。为了除掉祸贼，重整社稷，他假意献计，让州吁和石厚前去陈国，请求陈桓公对卫国给予支援。州吁和石厚听了石碏的话，十分高兴，于是备了厚礼上陈国去了。

其实，早在州吁和石厚去陈国之前，石碏就割破手指，写下一封血书，派人送到陈国去了。血书写道："我们卫国连遭祸殃，这虽然是州吁所为，但我那逆子也在助纣为虐，此二逆不除，老百姓就没法生活。我年老体衰，力不从心了。现在二贼已前往贵国，这是老夫的计谋，希望贵国能将他们抓住处死，这也算是天下之大幸了！"

陈国的大夫子针与石碏有多年交情，接到他的书信，立即上奏给了陈桓公。所以，州吁和石厚一到陈国就被抓起来了。陈桓公正要将二人斩首，群臣说："石厚是石碏的亲生儿子，大王还是慎重行事吧，不如请卫国自己来处理这个事情。"石碏知道那两个家伙已被陈国逮起来了，就要派人去陈国处死州吁、石厚。众大臣都说："州吁是首恶，罪当斩首。石厚是从犯，可以从轻处罚。"

石碏听了大怒，说："我那不肖的儿子为虎作伥，做尽坏事，你们请求从轻发落他，难道要让我徇私情而不顾大义吗？我这就亲自去一趟，亲手杀了他，不然无脸见朝歌父老！"

石碏的一个老家臣叫獳羊肩，见此情景，说："您不必发怒，我愿意替您前去办了此事。"

獳羊肩到陈国处置石厚，石厚还想逃过一死，就说："我是罪该万死，请将我用囚车载回卫国，见见父亲的面，然后再处死我吧。"獳羊肩说："我就是奉你父亲的命令，前来处置逆子的。你想见父亲，就让我把你的头带回去见吧。"于是就把石厚杀了。

左丘明在《左传》中记载了石碏杀子之事，他说："石碏是个真正的臣子。痛恨州吁，把自己的儿子石厚也牵连进去，所谓'大义灭亲'，恐怕说的就是这种情况吧！"

从此，就有了"大义灭亲"这个成语。

屈原抱石沉汨罗

屈平，字原，战国末期楚国丹阳（今湖北省秭归县）人，楚武王熊通之子屈瑕的后代。他是著名的诗人、政治家，"楚辞"的创立者和代表作者。

屈原早年很受楚怀王器重，任左徒、三闾大夫，常与怀王商议国事，参与制定法律，朝廷一切政策、文告都出自其手，同时主持外交事务。他对内辅佐怀王变法图强，积极改革政治；对外主张楚国与齐国联合，共同抗衡秦国。在屈原的努力下，楚国一度出现了一个国富兵强、威震诸侯的局面。

然而，屈原的主张遭到了上官大夫靳尚为首的守旧派的反对。靳尚是一个很卑鄙的小人，他本是屈原的同僚，很嫉妒屈原的才能，就挖空心思不断在楚怀王的面前诋毁屈原。有一次，怀王让屈原制定宪令，靳尚要将屈原的草稿抢过来，没有抢到，他心里怀恨，就对怀王进谗说："大王您让屈原制定宪令，这是大家都知道的事。可是，每颁布一条法令，屈原都说是他的功劳，还说：'没有我，这些宪令是制定不出来的！'"楚怀王听了这些话以后非常生气，渐渐疏远了性格耿直的屈原。

楚怀王三十年（前299年），屈原回到京城郢都。此时秦国攻占了楚国八座城池，接着又派使臣请楚怀王去秦国议和。屈原看破了秦王的阴谋，冒死进宫陈述利害，可楚怀王在子兰等人的怂恿下根本不听。楚怀王如期赴会，一到秦国就被囚禁起来，楚怀王悔恨交加，忧郁成疾，三年后客死于他乡。

楚顷襄王即位后，继续实施投降政策。屈原屡次进谏不但没得采纳，而且被再次放逐到江南，辗转再沅、湘二水之间。他的心情愤懑难平，常常行吟于江畔，唱出"世人皆浊我独清，世人皆醉我独醒"的慷慨悲歌。

在屈原多年流亡的同时，楚国的形势越来越危急。顷襄王二十一年（前278年），秦国大将白起挥兵南下攻打楚国，顷襄王仓皇撤离京城，秦兵攻破了郢都。爱国至深、满腔忠诚的屈原听到郢城陷落的噩耗后，万念俱灰，在绝望和悲愤之下怀抱大石，投入了滚滚激流的汨罗江，以身殉了自己的政治理想。

江上的渔夫和岸上的百姓，听说屈原大夫投江自尽，都纷纷来到江上，奋力打捞屈原的尸体，纷纷拿来了粽子、鸡蛋投入江中，有些郎中还把雄黄酒倒入江中，以便药昏蛟龙水兽，使屈原大夫尸体免遭伤害。

从此，每年五月初五，也就是是屈原投江殉难日，楚国人民都到江上划龙舟、投粽子、洒雄黄酒，以此来纪念伟大的爱国诗人。端午节的风俗，就这样流传了下来。

冯谖买义佐孟尝

有一个叫冯谖的齐国人，家中穷困潦倒，还得侍养老母亲，实在无以维持生计，听说身世显赫，才能出众的孟尝君招贤，便带着一把生锈的剑寻到田府来，表示愿做门下的一个食客。

整整过了一年，冯谖在田府中只是白吃饭，什么事也没给孟尝君做。此时，孟尝君当上了齐国的相国，在薛地被封有万户食邑，但由于他养了三千多个食客，府中支出吃紧，所以就要派人去薛地收取放债的利息。他明知薛地的人很穷，那些利息是很难收得回来的，于是贴出告示，征求收债的人选。

其他门客没一个敢应征，只有一个人在告示上写了两个字："我能。"看到写字的人竟是素来白吃饭的冯谖，合府上下都大吃一惊，就连孟尝君也深感意外。

冯谖从主人手中接过一大叠契约，在辞别孟尝君时问道："我收完债以后，该买些什么东西回来呢？"

孟尝君说："你看我府里最缺的是什么，就买什么回来吧。"

不久，冯谖从薛地回来了，却是两手空空的，不但什么债也没收回来，连那些契约也没有了。原来，他到薛地后，发现欠债的百姓日子过得极为艰难，就把欠债的百姓全部召集近来，把那些契约当场烧掉，大声说："你们的债务，孟尝君给你们一笔勾销了！"

孟尝君听冯谖讲述了事情的经过，怒发冲冠，恨不得一刀砍了冯谖。但他到底忍住了，问道："你怎么这样做？"

冯谖回答说："薛地的百姓实在无力还债，那些契约只是一堆废纸而已。大人曾经说过，让我买回府里最缺乏的东西。府上最缺的东西就是'仁义'的'义'，所以我把它买回来了。"

孟尝君气得说不出话来，但是事已至此，他也无可奈何。

又过了一年，有一些小人在齐愍王面前诋毁孟尝君，污蔑他有叛逆的阴谋。齐愍王早就畏惧声望甚高的孟尝君，于是罢免了孟尝君的相位。

孟尝君已经失势，而且面临危险，那三千多食客一哄而散。

孟尝君只能仓皇出逃，逃往自己的封地，身边的门客只剩下一个忠心耿耿的冯谖。

他们逃到距离薛地还有一百多里的时候，只见老百姓们早已扶老携幼，在路旁跪地迎接。孟尝君这才明白了当初冯谖为他买来"仁义"的用意和作用，顿时感动得泪水夺眶而出。

后来，又是冯谖出谋划策，前去游说魏国，故意散布风声，说孟尝君受到迫害，有心离开齐国。魏惠王久闻孟尝君的贤名，立即派出使节携带千斤黄金、百乘马车前往薛邑，要聘请孟尝君做魏国的相国。

齐国得知这个消息后，君臣震恐。齐愍王非常后悔，连忙抢在魏国之前，用重金请回孟尝君，亲自出城迎接，隆重地向他谢罪，并表示要铲除那些进谗的奸臣。

孟尝君重新担任了齐国的相国，从此特别信任和尊重冯谖了。

守信好义的继母

战国时期，齐国有一位寡母，她有两个儿子。大儿子是死去的丈夫的前妻留下的，小儿子是她亲生的。

兄弟两个虽不是一母所生，但相处得很好，遇事都能互相谦让。寡母看在眼里，由衷地高兴。

齐宣王在位时，发生过这样一起命案：国都市郊的一条大路旁，有一个人被殴打致打死。听人说是这家哥俩当中的一个人打死的。当刑吏赶到现场时，寡母的两个儿子都在场，谁也没有离开。

刑吏问："这个人是谁打死的？"

哥俩争着承担罪责。

这哥俩都是重大嫌疑犯，一时弄不清究竟谁是凶手，刑吏只好先把他们全部关押起来。

刑吏审讯了整整一年，由于没有旁证，不能判断人究竟是谁杀的。刑吏上报宰相，宰相亦不能判断，结果命案成了悬案。

于是，又上报国君宣王。齐宣王说：

"我们弄不清谁是杀人凶手，如将二人均予以赦免，那是放纵犯罪，也违背了国家的法律，不能这样。如果将二人同时都处死，那又又会诛及无辜，也使不得。怎么办呢？我这样想：知子莫如母。他们的母亲一手将其兄弟二人抚养长大，最了解儿子的的善恶品行。"

于是，齐相遵照齐宣王的指示，令人将两兄弟的母亲传至大堂。

母亲听后大哭不止，哀求说："不用问了，就杀掉我的小儿子吧。"

宰相奇怪地说："天下一般做父母的，都是偏爱小儿子。而你却提出要杀掉小儿子去抵杀人之罪，这究竟是为什么呢？"

母亲说："小儿子是由我所生，大儿子却是我丈夫前妻所生的。丈夫临终之前委托我把大儿子抚养长大成人，我已经当面答应了丈夫的临终遗愿。如果杀了大儿子，留下小儿子，那是'以私爱废公义'。违背许诺，背信弃义，是在欺骗死去的丈夫，是不道德的。小儿子是我的亲骨肉，杀他，我虽然万分悲痛，但我既然下了决心，绝不会掉一滴眼泪。因为我没有背信弃义！"

母亲痛哭流涕，继续说："死去亲生儿子固然悲痛，但我可以竭尽全力培养好大儿子，教育他知义守信，这难道还有错误吗？我曾经常教导小儿子要好好照顾哥哥，不要与哥哥为难，看到他们兄弟互帮互助，我就高兴不已；如果小儿子在九泉有知，也会理解做母亲的选择，做哥哥的也会明白，今后应当怎样去更好的为人，去做事……"说着她泪如泉涌，泣不成声。

宰相听了寡母的话，深受感动，立即入宫，把情况禀报国君齐宣王。齐宣王听后，也对这位母亲的高尚情操和品行大加赞赏，说："孤王翻阅史书，察看当代，也从未见过有如此重义守信的母亲，这实在是我们齐国的荣耀啊！我们国家能有如此义母，是国家之幸，社稷之幸啊！传孤王旨意，赦免两个孩子之罪，全都释放。赐她'义继母'尊号，让全国人都学习她。"

后来，两个孩子在义继母的教诲下奋发图强，长大后都做了齐国大官。

母爱搭建的拱桥

节乳母，生于战国末期。她在魏国的都城大梁（今河南开封）做乳母，哺养的是魏国的一个公子（诸侯的儿子，称为公子）。

她只是中国古代一位普通的乳母，普通得连自己的姓名都没有留下，人们只能在"乳母"之前，特加上个"节"字，尊称她为"节乳母"。

公元前225年，秦国派出将军王贲，领兵伐魏。为了攻占魏国都城大梁，王贲下令引决黄河。大水淹灌之下，大梁城墙被冲溃。魏王投降，后被杀。魏国终于灭亡。

节乳母眼看着滔滔黄水汹涌扑来，将大梁城顿时淹为泽国，对于秦国的恶行，她的心中悲愤无比。

"哇……"一声婴儿的哭叫，猛地把节乳母从激愤中惊醒。看着嗷嗷待哺的可爱小婴儿，节乳母的心如刀绞一般痛苦："孩子还这么小，可秦兵决不会放过他。他们会杀了这无辜的孩子呀！"

节乳母咬紧牙关，抱起婴儿，甩开脚步就向外奔去，任凭泪水夺眶而出。她什么都不再想了，只有一个铁定的念头："一定要救这个孩子！"

疯狂的掳掠烧杀，还在大梁城中血腥地继续着。魏国的公子们，被秦军列为重点搜杀对象，按照秦军统帅王贲的命令，务必诛尽斩绝。却不料，临到清点战果，按名核验，偏偏漏掉了一个魏公子，再三搜遍全城，不见踪影。

这位魏公子，正是节乳母抱着逃出城的乳婴。

夜，漆黑的夜。路在哪里？

节乳母高一脚低一脚地急奔着。

隐隐约约，前边像是有片朦胧的水光。一定是个湖。湖边该有芦苇丛，躲到那里面去！要快！秦军肯定要来搜捕了！

一阵杂乱的马蹄声陡然传来。芦苇丛中，蹲伏着节乳母。她深情地看着怀里的乳婴，他还在安恬地酣睡呢！节乳母心头一阵酸楚，她抹了把眼泪，默默地祈祷："孩子啊，可千万别醒，别哭，别出声哪！你安心地睡吧，奶娘就在你身边，正抱着你呢！"

哗哗的水声，刺耳的吼叫声，越来越近，愈来愈响。孩子终于被惊醒，"哇"地哭出声来。

飞箭，雨点般地射来。节乳母身中数箭，钻心刺骨的剧痛，汩汩流淌着鲜血，节乳母再也支撑不住，她终于倒下了。

然而，就在倒下的刹那间，她仍然没有忘记弓起腰身，以自己的血肉之躯组成一个母爱的拱桥，护卫着胸前的孩子，直到流尽自己的最后一滴血……

秦兵逼近了，惊呆了，凝固了：苇荡丛中，唯见一个妇女弓身死在泥淖里，怀护着一个婴孩，一动也不动；沉稳肃穆，如同坚岩凿成的永恒雕像。

一个普通的乳母，普通到甚至连姓名都未能留下来。然而，并非孩子生身母亲的她，却临危不惧，蹈险救孤，舍身拼死，卫护乳婴，直至捐躯殉难。她以自己壮烈的生命之火，为伟大的母爱之光，又增添了一柱明亮的火炬。

关羽义志终不改

在一次刘备和曹操两大军事集团的战役当中，关羽与刘备、张飞失散，跟他们失去了联系。关羽率领很少的兵马保护刘备妻眷，不幸被曹操的军队重重包围住了。出于对刘备妻儿安全的考虑，关羽只好暂时屈从了曹操。

曹操平素就非常欣赏关羽的武功和军事才华，一心想招降关羽，作为自己手下的一员大将。但是他知道关羽性格耿直，不会轻易投降，于是派人去劝导关羽。

被曹操派去的人张辽是关羽往日的好友，张辽对关羽说："兄弟，刘备已经被我们打败，不知道逃到哪里去了，你如果聪明，现在就投靠我们吧。"

关羽沉吟了片刻，丹凤眼微微一眯，捋了一下自己的长须，说："要我投靠到你们那里去也可以，但是必须说明：我是降汉不降曹。曹操得答应我，一旦在下知道了我义兄刘备的下落，无论他离我多远，你们都不能阻拦我回到他的身边。否则，我只有死战而已！"

张辽于是向曹操转告了关羽的要求，曹操听后连忙摇头说："这怎么能行，到时刘备一出现，他就走了，我岂不是'竹篮打水一场空'了吗？"

张辽说："他对刘备如此忠心，不过就是刘备厚待他罢了。只要我们在精神上、待遇上对他都比刘备做得还要好，他到时自然就会转变心意，对丞相忠心的。"曹操觉得有道理，于是答应了。

关羽来归顺时，曹操举行了隆重的欢迎宴礼，一见面，关羽又对曹操重申了自己的要求。曹操立刻任命他做了一名将军，并且隔三差五举办宴席款待他，向他赏赐了大量的金银珠宝和美女，平时像亲哥哥一样对他问寒问暖，还把当时天下闻名的"赤兔"宝马送给了他。但是关羽似乎每日还是愁眉不展的样子。

曹操看到关羽这样，连忙找来张辽说："你去问问关羽，看我有什么地方对他做得还不够好，他怎么还没有回心转意啊？"

张辽于是去问关羽："我们曹丞相有什么对不住将军的地方吗？"

关羽说："曹丞相对我一切都很好，只是我身在曹营，但是心还在我义兄刘备的身旁。"

张辽说道："做事情如果连轻重都分不出来，就算不上男子汉大丈夫了。依我看曹丞相对将军的厚爱绝对要超过刘备几百倍嘛，将军真是死脑筋。"

关羽回答："我和我义兄刘备是生死结拜的兄弟，我绝不会违背结拜时立下的誓言。"

张辽说："如果你义兄现在不幸身亡了呢？"

关羽面不改色地回答说："我也会立即下阎王殿去找他。"

至此，曹操便知道关羽的忠心不会改了。果然，后来关羽知道刘备的下落后，便把曹操赏赐给自己礼物、珠宝、美女等一齐送还，孤身一人护送着刘备的妻儿，不远千里地去找刘备了。

赵苞母子双节义

赵苞，字威豪。东汉甘陵武城（今山东武城西）人。地方官见赵苞德才兼优，将他推荐为"孝廉"，初任郎官，他为政秉公，政教清明，深得百姓拥戴和上司的信赖，几经升迁，当上了位高权重的辽西郡太守。

赵苞志在为国守边保寨，终生奋身杀敌，遂于公元117年派人去家乡武城，将母亲及妻小接来辽西。归途中到柳城（今河北昌黎县）时，与入寇的万余鲜卑骑兵遭遇，汉军寡不敌众，死伤殆尽，赵苞的老母和妻小不幸被俘。

婆媳俩在敌营骂不绝口，以求早死，敌人却不杀她们，只是将两人严加看管，随往辽西郡城进发。原来敌人定下了一条毒计，将婆媳两个作为人质，妄图以舐犊之情，夫妻恩爱，胁逼赵苞弃城投降。

一日，鲜卑军队抵达辽西郡城，赵苞带领三军出城迎战，列阵完毕，正欲挥军掩杀，忽见敌阵中推出两骑，马上绑着两人，赵苞仔细辨认，竟是慈母娇妻，他立即明白了一切，止不住泪下双颊。敌将见状，好不得意，狞笑着说："赵太守如能让出辽西土地，即可把人放还，让你母亲夫妻团聚，享天伦之乐；若不允诺，则一刀两断。人死不能复生，太守总不能见死不救，落个不孝的罪名吧！"赵苞沉思片刻，猛一抬头，高声对老母说："儿接母亲前来，本欲朝夕相见，侍奉左右，以尽孝道，不料反陷敌手，置你老人家于死地，儿痛恨莫及……"

赵母恐怕儿子中敌奸计，打断他的话说："昔日王陵之母被楚军绑架，为固儿杀敌之心，不惜自尽敌营。社稷为重，身家为轻，古有明训，我儿身为朝廷命官，责在尽忠报国，万不能为我而损忠义。"

赵苞见母亲如此识大体，强忍悲痛地说："老母金玉良言，儿铭记肺腑，大敌当前，儿难能忠孝两全，只得舍弃骨肉之情了。"

敌将见势拨出腰刀，架在赵母脖子上，咬牙切齿地说："快叫你儿子投降，不然休怪无情。"

赵母毫无惧色，奋力大呼："为国而死，万死无憾，我儿快驱军冲杀过来！"敌将手起刀落，婆媳俩捐躯阵前，慷慨殉国。赵苞怒火中烧，拔剑一指，三军如猛虎下山，直贯敌阵。将士们愤敌人屡犯疆界，使同胞遭劫；更为眼前赵苞母子舍身为国的精神所感奋，枪挑刀劈，勇骁无比，鲜卑军死伤大半，残兵败将如漏网之鱼，溃窜界处。

战事结束，赵苞收殓老母遗体，白衣吊唁的军士、乡民不计其数。赵苞流着泪说："为救母亲有负朝廷，是为不忠；为捍疆杀敌而使母亲身死，有失孝道。如今我虽已在战阵上尽忠，还必须在九泉下尽孝。"言毕号啕大哭，呕血而死。

感义忘身张玄素

张玄素是唐朝著名谏臣，历任侍御史、给事中、太子右庶子等，和魏征、马周等为开创"贞观之治"进谏献策，被誉为"感义忘身"的"忠纯"之臣。

张玄素为官清廉。他本是隋朝的一名小吏，隋末被农民起义军窦建德部俘虏。窦建德要杀他时，当地百姓1000多人前来求情，百姓说："此人清慎若是，今倘杀之，乃无天也。"于是，窦建德放了他，并拜其为重要官员。

唐太宗李世民久闻张玄素之名，即位后不久就召见他问政。张玄素深刻分析说："隋朝灭亡的根本原因是皇帝专断、法律混乱。皇帝身为万乘之重，又欲自决庶务，日断十事而五条不中，中者信善，其如不中者何"？

他认为，日理万机是难免出差错的，甚至出差错的概率在一半左右。他进一步说："况一日万机，已多亏失，以日继月，乃至累年，乖谬既多，不亡何待？"

因此，他提出对策："如其广任贤良，高居深视，百司奉职，谁敢犯之？"他劝告唐太宗不要迷信日理万机，更不要专断，要广任贤能，充分发挥国家机构的职能作用。唐太宗十分赞成他的意见，任用他为侍御史。

贞观四年（630年），唐太宗下诏修建洛阳宫乾阳殿，以备巡幸。张玄素不顾自己安危，上书谏止，劝导皇帝要吸取秦朝灭亡的教训，"弘俭约，薄赋敛"，安定国家。他说，如今国家刚刚建立，生产还在恢复之中，如果大兴土木，"那您就连隋炀帝都不如啊"！

唐太宗听到他把自己和昏君隋炀帝相比，十分生气，质问他说："卿谓我不如炀帝，何如桀、纣？"

张玄素当仁不让，大义凛然地回答说："若此役不息，亦同归于乱耳。"

作为一代名君，唐太宗具有海纳百川的心胸，他很快冷静下来，感慨地对房玄龄说："以卑干尊，古来不易，非其忠直，安能若此？"

当即下诏罢除此役。魏征知道后赞叹张玄素："张公论事，遂有回天之力，可谓仁人之言哉！"

后来，唐太宗派张玄素辅佐教诲太子承乾。张玄素针对太子"游畋废学"、"久不坐朝"等屡次上谏，忠心耿耿。但太子不但不采纳，反而多次派人加害于他。承乾被废后，张玄素也受连累被罢官。但是，唐太宗知道不是他的过错后又重新起用了他。后来，唐高宗、武则天相继给予加赏。

时人称赞张玄素："言为身文，感义忘身。不有忠胆，安轻逆鳞。"历史学家高度评价说："（孙）伏伽上疏于（唐）高祖，玄素进言于太宗，从疏贱以干至尊，怀切直以明正理，可谓至难矣。"

宋祖千里送京娘

那时正值五代十国末期的乱世，年轻气盛的赵匡胤离开了家，骑着一匹"麒麟马"，拿着一条水火棍去闯荡天下。

有一天，他寄居在太原一个叫"清油观"的小道观里，大清早起来练武，忽然听到隔墙传来一阵很凄惨的哭声，听来像是一位年轻的女子。他很奇怪，隔墙就是天下闻名的晋祠，在此清净之地怎么会有女子哭泣呢？

他连忙飞身跳过围墙，发现园子角落的藏经阁中有一个被捆绑的绝色女子，旁边两个彪形大汉在掷骰子取乐。

赵匡胤一脚踹开阁门，大吼一声："淫贼！看棒！"那两个家伙招架不住，夺门就逃。赵匡胤目的是救人，并不想杀人，便走过去给那女子解开绳索，好言抚慰，问她是怎么回事。原来，这女子叫赵京娘，年方十六，家住蒲州（今山西省永济县），是被强盗劫持到这里的。

赵匡胤听得怒火上窜，很后悔刚才没有杀死那两个恶人。他动了侠肠，说道："姑娘！你别伤心，我送你回家去吧！"赵京娘一听这话喜出望外。

从太原到蒲州，少说也有一千五百里路，山川阻隔，道路荒凉，还有野兽、响马出没，赵匡胤却似乎浑不当回事。

这天，赵匡胤贪赶路程错过了宿站，沿路走来都是荒山野岭，入夜时分，好不容易来到一个小山村，找了一户人家借宿。

夜里，"砰"的一声门被撞开了，赵京娘吓得缩成了一团，打地铺的赵匡胤翻身一跃而起，冲到门口。只见门外十几条大汉，喽啰举着的火把照见领头的不是别人，正是在晋祠被他打跑的那两个强盗！

赵匡胤使出浑身解数，左击右挡，转眼间，打退了两个首领，其他匪徒也逃了个精光。

赵匡胤回到屋里，赵京娘似乎还不明白发生了什么事，惊恐得全身颤抖着。赵匡胤笑了笑，对她说："姑娘不用怕。几个小毛贼，都被我赶跑了。"

第二天，两人一骑继续上路。

一天，途经武安县（今河北武安）口上村，又一次赶过了宿头，就在一处破庙中过夜。两人就着一堆柴火默默地坐着，赵京娘在火光闪烁中，面颊被炙得通红。她想起这次幸遇赵匡胤奋身相救，千里送其回家，一路上对她体贴关怀，她对赵匡胤的仁风义举早已是铭感五内，长途相伴难免生情，几次欲言又止。

一宿已过，京娘晨起，临渊梳妆，到底忍不住委婉地向赵匡胤诉说爱慕之情，表示愿执箕帚终身相许。赵匡胤大感意外，他想到自己远大的抱负，更何况好汉做事岂能乘人之危？于是婉言说："姑娘千万不要如此。我本为义气送你回家，如今若就私情与那两个响马有什么不同？既然你也姓赵，那我们就兄妹相称吧！"京娘噙着泪水，叫了一声："哥哥……"

赵匡胤千里送京娘，终于来到了蒲州的小祥村。赵京娘的父母喜从天降，盛情款待恩人。看到如此英武的一个后生，又看到女儿眷恋的神情，他们提出愿把女儿许配给他。赵匡胤再一次拒绝了，说："施恩图报，岂是义士所为？她已经是我的义妹，我会当好这个哥哥的。"

据说赵匡胤辞别远行的时候，赵京娘哀痛得哭倒在地，她的芳心碎了，随着麒麟马的蹄声渐行渐远。赵京娘自知今生再也不可能遇到像赵匡胤这样的后生，也就注定了自己的无奈，她从此不再嫁人，在抑郁中送走了无情的岁月，还很年轻就去世了。

文天祥誓死不降

文天祥是南宋末期著名的民族英雄和文学家，"人生自古谁无死，留取丹心照汗青"就是他的名言。

为了抵抗元朝蒙古族的侵略，他多次亲自组织南宋军民进行抗击斗争。当时的元朝已是声震整个欧亚大陆的政权，其军队的铁骑践踏着中原的土地，仿佛一头威猛而饥饿的雄狮；而南宋由于后期几任皇帝的昏庸无能，导致国力衰微，犹如一个奄奄一息的垂暮老人。这样的老人与这样的猛狮对敌，显然是难逃厄运的。

文天祥的一位好友劝他说："你现在组织人马去抗击蒙古铁骑，就好比带着羊群去跟老虎作斗，拿着鸡蛋去碰石头啊。朝廷里面那些'聪明'的大臣不是逃跑就是投降了，剩下的军队也是散沙一盘，你却还想挽住猛泻的狂澜、扶起倾歪的大厦，怎么这样蠢呢？"

文天祥坚定地回答说："这个道理我也知道。但是，在国家存亡的危急关头，总得有人站出来！我是右丞相兼枢密使，对保卫国家更有不可推卸的责任。我很清楚自己的力量有限，但如果我敢于站在前头，就将鼓舞那些对国家还有忠义之心的人，就会给他们抗元复国的活动带来信心的！"

这样，文天祥走上了一条荆棘丛生、危机四伏的亢元道路，为此他有许多次差点被水淹死、被元兵杀死……他战斗到最后脱力昏迷而被元军俘虏时，全身上下裸露着几十处刀伤。

1278年，文天祥被送往元朝的京城大都（今北京），关在一间生活条件极差的牢房里面。牢房的环境恶劣还是次要的，他在牢房里时常受到元军的严刑拷打，浑身伤痕累累。

有一天，元军把他从大牢里押送出来，一个元军将领对他说："你们的抗元势力已经完全被我们消灭了。归顺我们吧，只要尔投降了，就可以离开

那间破牢房，我们还让你做大官。"

文天祥听完这个将领的话，想到已亡的国家，不禁泪流满面，声音发哽地说："我的国家真的没有了，我身为国家和人民给予重托的大臣，没能够挽救自己的国家，已经是死有余辜了，怎么还可能归顺你们去做什么官啊！"

此后，元军又多次派人去反复劝说诱迫文天祥投降，都被文天祥一口回绝。最后，元朝皇帝也被文天祥的这种硬骨头精神感动了，他读过文天祥的诗文，也很欣赏他的才华，于是亲自出面来劝降。他非常尊敬地对文天祥说："只要你愿意归顺元朝，文臣最高长官的宰相，武官最高统帅的大将军，由你挑！"

但文天祥冷冷地回答说："一朝的宰相不侍奉两朝的皇帝，我只求以死报国，向已经灭亡的国家谢罪。"

第二日，在大都菜市口临刑前，文天祥只做了一个动作：他对着自己国家南宋的方向——京城临安（今杭州市）所在的南方拜了几拜，便慷慨就义，年仅47岁。

佘义儿盗颅守墓

袁崇焕，自元素，号自如，东莞（今广东东莞）石碣镇水南乡人，明万历四十七年（1619年）考中进士，授福建邵武知县。

崇祯二年（1629年），皇太极率领大军，绕过袁崇焕驻防的辽东，直抵北京城下。袁崇焕被迫千里驰援，以九千士兵与皇太极的十多万大军对阵于广渠门外，并多次击退后金军队。但是，生性多疑的崇祯帝中了皇太极的反间计，认为袁崇焕是内奸，竟然将他逮捕入狱。次年八月十六日，46 岁的袁崇焕被以极刑凌迟处死。

这是一个天地无光、阴风惨惨的日子。袁崇焕一身忠骨、满腔热血，却如此冤死！由于京城百姓听信袁崇焕是内奸的说法，对其无不恨之入骨，于是，袁崇焕的行刑场面极为惨烈。

袁崇焕的惨死，令多少了解他的人们所哀尽痛绝！他的部将、士兵，闻讯惟有仰天号哭，涕泗横流。其中就激发了一个人的忠肝义胆，为了袁督师的遗骸而不惜以身犯险——他姓佘，原是袁崇焕军中的一个谋士幕僚，平生待人很重义气，僚属们都叫他"佘义儿"。听到袁崇焕被冤杀的噩耗，他下了决心：无法明里对抗朝廷，暗里也要保护袁崇焕的英灵！于是，他逃出了军营，立即潜往督师遇害的刑场……

第二天，大官发现装着人头的匣子不翼而飞，惊恐万状；朝廷为之震动，百官胆战心惊；崇祯龙颜震怒，下旨广为缉捕窃贼……这些自不在话下。

此时，佘义儿在城中自家小屋后面跪着。他已经脱去军装，一身仆人的打扮，面对新垒的一个小土包，里头就埋葬着袁崇焕的忠魂。

土包前燃着香烛，摆着果品。

他把醇酒洒在地上，泪如雨下，痛哭失声："袁督师！请你安息吧！你的英名一定不会永远被玷污的！我一定要等到那一天！如果我等不到，还有我儿子，孙子，曾孙子，玄孙子……"

缉捕的风声过后，佘义儿从此隐姓埋名守墓。他还在坟前立了一个碑，碑上楷书"有明袁大将军墓"，长年祭祀，一直到死。佘义儿临终前嘱咐家人死后把他埋在袁大将军的身旁，并要求佘家子孙此后不许为官、不许回南方老家，世世代代守着袁督师的英灵。

果然，佘义儿的子孙后代都遵从祖嘱，代代相传，守护着袁崇焕的陵墓，等待着袁督师恢复英名的那一天。

直到清朝乾隆年间，清人根据《清太宗实录》编写《明史》时，袁崇焕的冤屈才大白于天下，乾隆皇帝亲自为袁崇焕平反，称赞他是"千古难觅的忠臣"，还下旨佘氏重新为袁崇焕修坟，以旌气节。

到今天，佘家世代为袁大将军守墓已经三百多年，造起了青砖矮墙围起来的墓园。墓园内有一大一小两墓，大的是袁崇焕墓，小的则是佘家先祖的坟。

佘家第十七代守墓人佘幼芝女士说："不为别的，就为'忠义'两字。"

夏完淳少年英雄

夏完淳，原名复，字存古，号小隐、灵首，乳名端哥，明朝诗人，也是著名的一位少年英雄。

夏完淳的父亲夏允彝是明末江南抗清起义军的一个进步学术团体的重要头领。明朝灭亡之后，清朝想借助夏允彝在江南的声望，笼络人心，对他封官许愿。夏允彝严词拒绝，并回信痛斥清军的罪行，发誓要与清朝斗争到底。

1645年，夏允彝的军队被清军打得溃不成军。为了不被敌人俘虏而自投松塘而死。夏完淳得到父亲牺牲的消息后，悲痛得大哭了起来，但是他一想到父亲的遗嘱，国难家仇更近一步坚定了他的抗清斗志，便迅速擦干了眼泪，继续投入到抗击清军的战斗当中去了。他接过父亲肩上的重担，按照父亲留下的"破家纾难"的叮嘱，变卖了全部家产，捐作义师军饷，继续为抗清奔走呼号。

1646年，他四处转战，后来前往太湖，投奔明朝原兵部职务司主事吴易统领的义军，担任了参谋职务。开始这支义军很有战斗力，先后收复了江苏的吴江，浙西的海盐，逼使清兵龟缩在苏州城内，不敢出战。后来清兵调集人马卷土重来，义军遭受挫折。在撤退嘉善西塘的途中，夏完淳与义军失去了联系。

数月后，因叛徒告密，夏完淳被捕入狱。

清军感到夏完淳小小的年纪却如此聪明和勇敢，是个难得人才，便派人去劝说他投降。

而派来进行劝说的人，是清军在江南地区的统帅洪承畴。这个人曾经是明朝汉人军队的统帅，由于战败投降而做了清军的走狗，起义军里的人都恨他恨得咬牙切齿。

洪承畴看到夏完淳，用非常温和如慈父一般的语气说："我看你小小的年纪，是还不懂事，所以受到坏人的欺骗才来造反的。只要你现在承认错误，投靠到我们这边来，以你的聪明才华以后一定前途无量，能够做我们的宰相啊。"

夏完淳故意装作不认识洪承畴，回答说："我还小的时候，听说我们明朝曾经有个叫做洪承畴的大英雄，他当年带领军队在边关和清军英勇战斗，最后光荣战死了，我虽然年纪还小，但是我得向这样的大英雄学习，为了报效自己国家而敢于牺牲自己。"

旁边愚蠢的清军士兵立刻责骂夏完淳："小东西，你可知道你面前的人就是洪承畴大人，他当年没有战败身亡，而是投靠了我们大清国。"

夏完淳还是故意装作不知道地回骂："呸！我们的大英雄洪承畴将军，无论怎样都不会叛变当了汉奸和走狗的！一定是你们在编造故事。"

而旁边的洪承畴被这番话说得是满脸通红，汗流浃背。他只能气愤地叫人赶快把夏完淳拉回牢房里去了。

"从军未遂平生志，遗恨千秋愧请缨。"夏完淳被关在南京监狱的日日夜夜里，忧虑的不是刑讯和死亡的威胁，而是山河的沦陷和事业的中断。他身为自己壮志未酬而悔恨，痛感"家仇未报，臣功未成，斋志重泉，流恨千古"，写下了"今生已矣，来世为期。万世千秋，不销义魄"的誓言。

夏完淳就是以这样的高尚情操，继承父亲遗志，抱定"英雄生死路，却似壮游时"的信念，豪迈地走完了自己生命的最后里程。

史可法誓死保城

清顺治二年（1645 年）四月，清军为了统一领土，对江南地区大肆展开进攻。

史可法，宇宪之，号道邻，河南祥符（今河南开封）人。他是南明的兵部尚书，听到消息后，马上从建康（今江苏南京）赶到江北前线，部署兵力，准备和敌人对抗。他亲自坐镇扬州指挥，大家都称呼他"史督师"。

清军统帅多铎非常佩服史可法的为人，就多次写信劝他投降，可是史可法理都不理他，多铎肺都气炸了，于是就下令用大炮轰击扬州城，因为城内的兵士不多，力量悬殊太大了，结果，城内的军民伤亡很大。

扬州城眼看就要被攻陷，一些胆小的将领害怕了。第二天，就有一个总兵和一个监军背着史可法，带着本部人马出城向清军投降。这样一来，城里的守卫力量更加薄弱，史可法把全城官员召集起来，勉励他们同心协力，抵抗清兵，并且分派了守城的任务。

他分析一下形势，认为西门是最重要的防线，就亲自带兵防守西门。将士们见史可法坚定沉着，都很感动，表示一定要和督师一起，誓死抵抗。史可法看到伤亡的兵士们，内心非常难受，他知道自己已经没有能力挽救扬州城，于是就把手下部将集中在一起，大声说："我一生对大明朝忠贞不二，所以誓死要和城一起共存亡，可是我不愿意落入敌人之手，我希望有人能帮我成就我的名节，你们谁可以帮我呢？"

部将都暗自伤心，谁都不肯站出来。最后，副将军史德威流着眼泪说："我知道您的意思，我愿意。"

史可法听了，非常高兴地说："我死后，请把我埋在太祖皇帝的墓侧，如果实在不行，就把我埋在扬州城外的梅花岭吧。"

多铎命令清兵没日没夜地轮番攻城。扬州军民奋勇作战，把清兵的进攻一次次打回去。

多铎下了狠心，开始用大炮攻城。他探听到西门防守最严，又是史可法亲自防守，就下令炮手专向西北角轰击。

炮弹一颗颗在西门口落下来，城墙渐渐塌下，到了第七天，终于被轰开了缺口，清军像流水般涌进城里。史可法大叫副将军史德威："快点把我杀了，我死也要死在我们大明朝的人的手里！"

史德威流着泪，怎么也下不了手。于是史可法被将士们拥护着想突围出去，可是到达小东门的时候，清兵大批大批地涌上来，将士们全都壮烈牺牲，史可法痛心不已，对着清军说："我是史督师，你们快杀我吧！"

清兵抓住史可法，马上捆着他去见多铎，多铎一见是史可法，忙上前行礼，很客气地说："我很佩服先生您的为人，现在你对旧朝的忠义已经尽了，就请归降吧，我们一定会好好对待您的。"

史可法大骂道："我一生为国鞠躬尽瘁，岂能和你这种小人共事？我呸！有种就快点杀我吧！"

多铎气坏了，说："既然你想当忠臣，那我就成全你。"于是，史可法就这样英勇就义了。

温璜全家成忠烈

　　温璜，原名以介，字于石，号宝忠，南浔（今浙江省湖州市南浔镇）人。他才三岁时父亲就去世了，由母亲陆氏靠纺纱织布，将他拉扯长大。

　　温璜的一生充满了坎坷，但他性格坚韧，很有操守。崇祯十六年（1643年），温璜被派遣到徽州（今安徽省黄山市徽州区）做一个州府推官，适于此时北京被李自成起义军攻破，崇祯皇帝自缢，他闻报悲恸不已。不久，清军占领北京，明朝灭亡；次年，清军南下，攻陷南京。徽州府中的官员吓破了胆，纷纷逃逸。

　　温璜看到这种状况，深深叹息着："城中没了主事的人，百姓又将奈何？"他就取来州官的印信，安慰士民，激励将士，给他们分发兵刃，部署登城抗御清兵。

　　当时江南很多城池被清军攻破，大都是投降清朝的汉贼帮助攻陷的，安徽各地也渐次落入清军之手。当地的休宁（今安徽省黄山市休宁县）有个人叫金声，官任左佥都御史，组织义勇保卫家乡，温璜就给他提供军饷。

　　他的堂弟温以中力劝他带妻女尽快回南浔老家隐匿，温璜坚决地说："兄长我守土有责，将与徽城共存亡。不必以我为念！"。

　　温璜带领将士们日夜坚守徽州，苦苦支撑。然而，温璜没有料到，素有名望的金声竟然犯了"大意失荆州"的错误。一天傍晚，明之降将、汉奸黄澍伪装束发，穿着明朝的衣冠，率领军队达到休宁城下，诈称率兵来援。金声未及细辨，开城接纳，清兵乃借机乘势而入，休宁因而失守，金声被清兵擒杀。

　　城破之时，温璜知道大势已去，已经无力回天，于是立即返回到家中，与妻子茅氏诀别。茅氏深明大义，力求同死。温璜把刀给她，她说："女儿宝德还在，只能同死，免得遭辱。"是时宝德已就寝，茅氏叫醒她起床，宝德说："我知道了，国家已经灭亡，我愿举家同尽。"更很镇定地悬梁自杀。温璜怕她来不及速死，就给她补上一刀。茅氏安睡在床上，温璜用刀割她的喉而未断，茅氏说："我还没死。"温璜再割两刀，妻子才断了气。

温璜随即自刎，但因连杀两人，腕力不继，所以尽管颈血溅满一地却不能死。这时清兵已经破门而入，发现屋里两个相貌端秀的女人都已死去，只抓住了浑身鲜血、脖颈几断、气若游丝的温璜，于是抬着他，去见将军张天禄。张天禄这个贼子看见温璜的模样，也禁不住极为吃惊而惋惜地说："渡江以来，我们所过的州县，见过多少进士、大官都苟活无耻，就没见过像温公这样的人！"

张天禄想救活温璜，立即延请良医为他治伤。哪知温璜突然跃起，将手指从脖颈的伤口插入，深至咽喉，扯出自己的喉管，遂痛极而死。如此壮烈的一幕，让在场的郎中、清兵包括张天禄都有如遭到雷击电殛，呆若木鸡。

后来，当地人汪正本冒险求取温璜的遗体，连同茅氏夫人及其长女宝德的尸首，备具棺椁，盛殓后合葬在一起。人们都赞叹温璜一家都是忠臣节女。

热心公益的许宝宝

年近七旬的许宝宝，是河南省西平县师灵镇油坊张村许庄人。20年来，他坚持用家中的微薄收入义务修补、修建乡村道路，支持农村公益事业，受到乡亲们的称赞。

许宝宝修路的起因还得从以前的一件伤心事情说起。1994年的冬天，他的小儿子突发急病急需抢救，可当时正赶上连阴雨天，村里道路路况太差，车进不来也出不去，失去了最佳抢救时间而不幸病逝。安葬儿子的那天，许宝宝抱着儿子的骨灰盒，悲痛欲绝，反反复复地说着一句话："俺一定要把路垫平坦！"随后，他不顾妻子的反对，拿出仅有的200元钱雇车拉来废砖渣垫路。乡亲们都夸他，可家人却说他傻，充当楞头青。许宝宝认为，只要小儿子的悲剧不再重演，做什么都值得。

从此以后，许宝宝与村里的路"较上了劲"。卖粮食的钱一笔笔变成路上的石子水泥，推着三轮车垫路成为村里的一道风景线。十多年过去了，路平平坦坦，他的腰却累弯了。连他自己也记不清，垫了多少次路，花了多少元钱。

2009年3月，公路部门为许庄村规划修建"村村通"水泥路，但需要村里配套8万元钱。得知这一消息，许宝宝卖掉自家的粮食和猪羊，又给两个儿子打电话，四处借挪、发动乡亲筹资，终于凑够8万元。不久，许庄村3公里长的"村村通"水泥路动工，许宝宝索性吃住在工地上，运料，看管工地材料，不要一分钱工钱。路修好后，许宝宝累倒了，全村人到医院看望他，护士还惊讶地问许宝宝是哪一级的大人物，能让上千人看望慰问。

2009年8月的一天，许宝宝到西平县城办事，游园里的健身器材吸引了他的目光："村里要有这东西，农村人不也能天天锻炼身体了？"他到处打听，找到卖健身器材的商店。店方被感动了，承诺将7套健身器材按进价卖给许老汉。半个月后，他卖掉家里的30多棵大杨树凑够7800元钱，将健身器材买了回来，使村民有了健身休闲的好去处。

2009年10月，许宝宝又跑到县社会主义新农村建设办公室，恳请专家给他们村规划一下，并说所花费用由他承担。专家实地考察后，给该村设计制作出巨幅"许庄村新村规划图"竖立在了村头，3600元成本费由许老汉卖掉自家12只羊支出。

就是这样一位老人，用自己的真情和付出，为和谐美丽新农村建设作出贡献。

霞蔚长空警魂不朽

在中原大地上，任长霞，一个曾为人们所熟知的公安英模名字近年来被广为传扬。任长霞因公牺牲后，中宣部、公安部、全国妇联、中央政法委等部门发出通知，号召向任长霞同志学习。

任长霞1964年2月8日出生在郑州一个工人家庭。1983年警校毕业后，分配到郑州市公安局中原分局从事预审工作。

过硬的业务素质，强烈的责任心，使任何嫌犯都休想从任长霞手下溜走。据统计，任长霞在中原分局预审科工作期间，共挖余罪、破积案1072起，追捕犯罪嫌疑人950余人，创造了河南公安预审史上无可比拟的成绩。在郑州市公安局从事公安法制工作，她4年里审核案件千余起，无一错案。

2001年4月，任长霞被任命为登封市公安局局长，成为河南省公安系统有史以来第一位女公安局长。由于当地各类积案堆积严重，任长霞组织"百日破案会战"。特别是面对在登封白沙湖畔非法拘禁、敲诈勒索、打杀无辜、民愤极大的王松黑社会性质犯罪团伙时，任长霞通过缜密侦查、巧施计策，组织干警将王松及其65名团伙成员全部收入法网。由于大案要案和疑难案件被接连攻克，当地群众拍手称快，都说登封来了一位"女神警"。

在登封工作的3年多，公安局的"局长接待日"从没间断过。3年来，任长霞处理群众来信来访3467人次，使476户上访老户罢访息诉。

2001年5月3日，在处理登封市大冶镇西施煤矿特大瓦斯爆炸事故时，任长霞看到年仅8岁的刘春雨成了一名孤儿，便收养了小春雨，承担起小春雨全部的生活、学习费用。刘春雨至今称任长霞为"任妈妈"。

任长霞还向全局民警发出倡议，开展了"百名民警救助百名贫困学生"活动。全市有126名贫困家庭的失学儿童得到救助，重回课堂。

2004年4月14日晚，任长霞在郑州市公安局汇报完工作，连夜赶回登封部署一起重大案件侦破途中，不幸遭遇车祸，于 4 月 15 日零时 40 分牺牲，年仅 40 岁。

任长霞 1983 年参加公安工作以来，忠实履行人民警察的神圣职责，在平凡的岗位上做出了不平凡的业绩。她曾荣立个人一、二等功各 1 次，三等功 4 次，荣获全国五一劳动奖章、中国十大女杰、全国三八红旗手、全国青年岗位能手、全国优秀人民警察等各种荣誉称号 40 余次，并被公安部追授为全国公安系统一级英模。2004 年 12 月，任长霞被评为感动中国十大年度人物。（来源：新华网）

13 个感动 13 亿

2008 年 1 月中旬开始的一场 50 年一遇的特大雨雪冰冻灾害，摧毁了中国南方的电网，停水、停电、通讯不畅……在这场突如其来的冰雪灾害中，位于湖南省最南部的城市郴州成为"孤岛"。全市 443 座电塔倒塌，数万根电杆折断，350 多万人口的供电全部中断，来自全国各地的上万名电力抢修人员紧急赶往郴州支援。危急时刻，千里之外的唐山玉田县东八里铺村村民宋志永坐不住了。

2 月 6 日，宋志永将自己的想法同同村的王宝国、王加祥等村民一说，大家都表示赞同。宋志永他们连年夜饭都没吃，大年三十下午 4 点就出发。车是花 6500 元钱租的，宋志永拿了家里的 3 万元钱，12 位东八里铺村村民又自备了铁锹、铁镐等铲雪除冰工具，租了一辆面包车，出发前往湖南。

13 个人中有 8 人是头次出远门，有两对父子、3 对兄弟。年龄最大的王加祥 62 岁，最小的王金龙只有 19 岁。2 月 7 日（大年初一）下午，13 人经过几十小时奔波，一路打听找到位于长沙的湖南抗灾指挥部，小分队得知郴州才是灾害最严重的地方时，2月8日凌晨，13人又急匆匆赶往湖南郴州。

2月8日（大年初二）一大早，他们终于赶到郴州。当天下午他们就成了郴州电力局的一支编外突击队，在抗灾指挥部接受了第一个任务。由于不懂电力技术，这13位农民兄弟主动担负起扛器材、抬电杆、拉电线的体力活。从那天开始，一直到2月22日，宋志永和他的伙伴们每天开着车早出晚归，转战宜章、桂阳等地，先后帮着竖起了7座高压线塔架、7根电线杆。更多的时候，他们往返山上山下运送电线、塔料。

刚到郴州时，由于水土不服，十三义士中的好几个人腹泻、感冒、发烧，他们就用药顶着。每人每次都要负重几十公斤走几千米陡峭山路，一天来回几十趟。在抢救现场，他们中有的手被冻伤，有人脚被扎伤，他们都咬牙坚持，不肯休息。吃不惯湖南辣菜这群北方汉就用面包和方便面充饥。

每天他们五六点天没亮就走了，晚上八九点才回，整天一身水一身泥的。在与家人团聚的新春佳节中，他们却在千里之外的土地上挥汗如雨，一干就是15天。

在郴州的半个月，这13位唐山农民兄弟参与了十几座电塔的抢修，在这个特别的春节他们朴实的身影带给无数的郴州人以特别的感动和温暖。一位身患癌症的郴州老人临终前托家属送来了2000元钱，说要为自费来抗灾的唐山农民兄弟多存点手机话费。13位农民兄弟一分没花，将这2000元钱和其余的3万余元捐款全部捐给了郴州红十字会和福利院。

2月23日，农历正月十七，13位唐山农民兄弟完成了在郴州的救灾任务，当他们离开时，13位唐山农民兄弟变成了郴州这座城市的荣誉市民。

"一方有难、八方支援"，十三义士感动了13亿人。（来源：燕赵都市报）

公

两千多年前，儒家的重要经典《礼记·礼运》"大同篇"中就说："大道之行也，天下为公。""公"作为大同境界的最高理想和基本精神，一直涵养着、鼓舞着中华民族。孙中山就提倡"天下为公"，共产党在建党时就强调"立党为公"。现在，"公"更是我们以公有制为主体的中国特色社会主义的本质要求。

在汉语里"公"的含义很丰富：可与个人、"私家"相对，指公共、"公家"（国家、单位、集体）；可与"私心"相对，指人的"公心"；也可指社会和为人的公平、公正、公道等。

天下为公

原始社会，部落成员群居而生，一起抵御猛兽袭击、自然灾害，共同围狩捕猎、采食果腹，生产力的低下和群体生活的意识，带来的是"公社"、"公共"性的生活方式。在当时人们的思维和意识中，尚没有"私"的概念，所有的成员都是原始公社的一部分，所有的生活资料都归部落公共所有，个人的存在与原始公社完全融为一体，休戚与共。

在这种朴素的思维观念中，人类中的智者开始思考如何让更多的人都远离疾病和灾难，不再流离失所，过上美好的生活，于是他们钻燧取火、结绳记事、遍尝百草、敷治洪水、规划九州……开始了人类文明最早的探索，并逐步形成了"天下为公"的思想。

此后，"天下"的概念便在中国文化中不时地被人们所反复强调。《大学》中有"修身、齐家、治国、平天下"，《中庸》也谈"天下国家"，后世儒者每当谈及个人理想时总会涉及对天下的思考。其中最为著名的就是根据明末思想家顾炎武的话提炼出的名言："天下兴亡，匹夫有责。"

这种思路可以溯自孔子，在孔子的理想世界里，所有人类生存的地方都是要用父母爱子之心去爱和管理保护的。在一次与弟子的交流中，孔子告诉子夏夏商周三代的君主管理天下依靠的是"三无私"的德行，子夏问及什么是"三无私"的德行时，孔子回答说："天无私覆，地无私载，日月无私照。奉斯三者以劳天下，此之谓'三无私'。"

在孔子看来，掌管天下的天子就像天地日月一样，要用自己的无私的心态来治理，才可以实现最为理想的德政。当然孔子也知道当"大道既隐，天下为家"的时代出现以后，"天下为公"已经成为一个可望而不可即的理想，但他依然期待着这种理想可以再次照耀人间，让天下所有的人都能够过上"老有所终，壮有所用，幼有所长，矜寡、孤独、废疾者皆有所养"的和谐美好的生活，这是人类共同的美好期待，也是实现社会和谐稳定、人们安居乐业的终极追求。

"公"与"私"

随着剩余生活资料的出现，人们逐渐产生了"私"的意识，希望单独支配、占有剩余生活资料，进而开始追求对各种资源的私人占有。于是，产生了"私"和"公"之间的分化和对立，自然也就出现了"君子"、"小人"之别。在人类社会制度的发展过程中，在一定程度上，奴隶社会是"私人占有"的一种极端状况，极端到原本平等的同类同族的个体，连带个体的私有财产都可以被一个人私自占有。

但是，社会的发展随即暴露出问题：对"私"的无限追求，带来了一系列尖锐的社会矛盾，进而从根本上阻碍了人类社会文明的进步。这使人们认识到：人类的生存发展仅有"私"的一面是完全不够的，不能因为追求"私"而忽视了"公"的存在。诸如共同抵御疾病、天灾，发展生产技术，化解社会矛盾，组织社会成员，保持社会秩序等问题，就超越了个体的"私"的层面，是一个涉及全体或者众多社会成员的"公共"问题。只有兼顾好"私"和"公"两方面的问题，人类社会才能持久良性地发展。

于是，为了让"私"受到抑制，让"公"健康发展，有德行的君主开始思考用礼乐制度来管理国家，以实现社会的小康。"大人世及以为礼，城郭沟池以为固，礼义以为纪，以正君臣，以笃父子，以睦兄弟，以和夫妇，以设制度，以立田里，以贤勇知，以功为己。"通过严明的规范和约束让社会实现长治久安。

"公"与"私"的关系，就像"义"与"利"的关系一样，处于价值观的核心，是道德的试金石。如果说大公无私、公而忘私是最高境界，那么，先公后私、克己奉公应作为普遍原则，绝不能以私害公、损公肥私、假公济私，这应是道德底线。

现在有些人却将"吃公"、"拿公"看做常态，不以为耻，反以为聪明。他们以职业所据有的公共资源谋取额外的个人或小单位私利，这已经成为一种社会病。更有甚者将社会赋予的公职和公权作为自己寻租以谋取非法私利的工具，假公济私，化公为私，这种贪墨行为正在严重地腐蚀着社会的健康肌体。

对于我们来说，为公就是为祖国、为人民；公心就是把祖国和最广大人民群众的根本利益放在心中最重要的位置，发扬爱国主义、集体主义精神。

有了这一核心德性就会生发出诸多美德，焕发出时代精神。

"公"与"忠"

"忠"是多义的，《忠经》说："忠者中也，至公无私。"《左转》云："公家之利，知无不为，忠也。"此义之"忠"都与"公"相联，可谓尽己至公。《左转》又有："临患不忘国，忠也。""上思利民，忠也。"此义与我们当下社会强调的忠于国家、忠于人民表达的是同一层次的思想。

在等级森严的古代社会，要想实现上下的和谐，不仅仅需要强调在下位者的服从，还要对在上位者的行为进行严格的规范，使得他们不会滥用权力，胡作非为。于是，不同的思想学说流派采用不同的方式对权力进行制约和规范。

"忠"的合理内核应在"公"中。

"公"与"廉"

公心支配廉行。"公生明，廉生威。"秉公用权、清正廉洁，是担任公职者的道德基线也是底线。在当下社会尤其是对各级领导干部而言，面对着改革开放所带来的经济大潮，面对着经济发展中所产生的种种诱惑，如何不失本色，清廉自守，"公"心便成为了很好的护身符。

"立党为公，执政为民"是我们党的立党之本、执政之基和力量之源。习近平总书记在十八届中纪委三次全会上强调说："作为党的干部，就是要讲大公无私、公私分明、先公后私、公而忘私，只有一心为公、事事出于公心，才能坦荡做人、谨慎用权，才能光明正大、堂堂正正。作风问题都与公私问题有联系，都与公款、公权有关系。公款姓公，一分一厘都不能乱花；公权为民，一丝一毫都不能私用。领导干部必须时刻清楚这一点，做到公私分明、克己奉公、严格自律。"

为官不谋私是中华民族的传统美德

《辞源》中"官"的解释是："为国治事者也。"在现代汉语中，"官"主要是指"公职人员"。

无论是"为国治事者"、"公职人员"，还是由此引申出的"公家"、"公共"、"公用"之意，"公"都是"官"最根本的内涵，是为官者所要明确的第一要义。

宋人余靖在其《武溪集·政六箴》中曾说："抱公绝私，是为率职。"意为：一心为公，不徇私情，就是履行了自己的职责。从政为官者，其基本的职责就是"为公"。我们当下的称呼——"公职人员"、"国家公务员"等便是在明确为政者的职责与义务。

这种伦理思想近现代在进一步发展。孙中山先生便曾力主"为众人服务"。中国共产党又升华概括为"为人民服务"，使其成为理政的根本道德原则，党政干部的核心伦理原则，服膺此原则就应当甘作"公仆"，全心全意为人民服务。

"公"是相对于"私"而言的。任何官员，在他没有成为公职人员、没有做官之前，他是个体的公民，可以以个体的"私"为谋生存的价值取向。但是，一旦他成了官员，做官员职权中的事，他就实现了从"私"到"公"的跨越，不再是一个一般的"私"的个体，而应该超越私我，以"公"为本，出以公心、施行公举、谋求公利、倡行公义。对官员而言，在"公"与"私"之间，有一条严格的界线，是应当明确分清的。

建设公平、公正的和谐社会

孔子说："不患寡而患不均。"现在老百姓说："不患不均而患不公。"

"公平"通常指一种基于一定标准或原则而对待人和事的平等的态度，——例如我们常说的"一视同仁"、"买卖公平"等——涉及到在机会、权利和规则上的公平。十八大报告提出，"必须坚持走共同富裕道路"，"使发展成果更多更公平惠及全体人民"，"加紧建设对保障社会公平正义具有重大作用的制度,逐步建立以权利公平、机会公平、规则公平为主要内容的社会公平保障体系,努力营造公平的社会环境,保障人民平等参与、平等发展的权利"。这表明保障社会公平正义已摆到了更加突出的位置。

"公正"主要是指社会大多数人所希望所需要的社会行为以及社会制度应该奉行的合理准则或价值标准。"公正"是一个历史范畴,真正的公正是最大限度地保障最广大人民群众的根本利益。它的实现是一个渐进的过程,需要持续而艰苦的努力,特别需要在领导干部、行政人员、执法人员中大力倡导公平做事、公正做人、维护正义的风尚。

敬业奉献是"公"的现代诠释

"奉献"的基本内涵是克己奉公、服务社会、造福人类,"敬业"的基本内涵是忠于职守、精益求精、不断创新,二者结合在一起,基本内涵是立足本岗本业为他人、为社会、为国家乃至为人类做奉献。这就把为公奉献之心落实在爱岗敬业的本职工作上,脚踏实地、兢兢业业,在对事业的忠诚与执着中,实现为公奉献的高尚情操和远大理想。

著名的德国社会学家马克斯·韦伯在他的名著《新教伦理与资本主义精神》中指出,"天职"——即由上帝安排的任务——的观念成为新教的核心内容,从而使得新教徒们可以超脱原来天主教那种出世的空洞,转而将自己在世俗中完成上帝所赋予他的使命当作一种至高无上的天职,这一点在客观上推动了为世俗活动赋予道德意义,并最终促进了资本主义精神的萌芽与发展。

从这个意义上来审视,不难发现,敬业奉献作为"公"的内涵之一,同样是与中华文化中的"天"内在相连的,而我们每一个人在这个社会中的职分也正是"天"所赐的"天职",每一个人的价值正是来自于去履行和完成"天"所赐的这份"使命",通过每一个人的敬于本业、用心奉献,最终可以将"天道"、"为公"的秩序带到世俗世界中来,建立公平、公正、公道的社会。

第四届全国道德模范颁奖典礼献敬业奉献模范（公）致敬辞

敬业奉献，虔诚勤勉。或肩负重大使命，做出突出贡献，或锲而不舍奋斗，业务技术精湛；或立足本职岗位，毕生默默奉献。这一个个忙碌的身影写的都是吃苦耐劳的动人诗篇。这美妙乐章，是一辈子辛劳，是一辈子流汗。镌刻的是自己的答谢人生，承载的是民族的崛起，任重道远。有了这份敬业的高贵，有了对劳动的虔诚，中华圆梦就有不竭的动力源泉！

格言

以公灭私，民其允怀。——《尚书·周官》

【简释】用公心来消灭私心，民心就会归附。

无偏无党，王道荡荡。无党无偏，王道平平。——《尚书·洪范》

【简释】治理社会时没有偏爱不公、不结党营私，王道就会广大深远、秩序井然。

大道之行也，天下为公。——《礼记·礼运》

【简释】当大道真正施行的时候，天下是大家共有的。

天无私覆，地无私载。——《礼记·孔子闲居》

【简释】天覆盖万物，但不会从自己的私意出发，有所偏倚，只覆盖它喜欢的部分，不覆盖它不喜欢的部分。地承载万物，它也不会从自己的私意出发，有所偏倚，喜欢谁就承载谁，不喜欢谁就不承载。

公家之利，知无不为，忠也。——《左传·僖公九年》

【简释】对公家和百姓有利的事，凡知道的就要去做，这才称得上是忠。

苟利社稷，死生以之。——《左传·昭公四年》

【简释】如果确实对社稷有利，即使需要面对生死的抉择也要义无反顾地去做。

私雠不及公，好不废过，恶不去善，义之经也。——《左传·哀公五年》

【简释】私仇不涉及公事。不以为自己喜爱就放过他的过错，也不因为自己厌恶就看不到对方的好的地方。这样才是真正合于道义的行为。

行之无私，则足以容众矣；出言必信，则令不穷矣。此使民之道也。——《管子·国君小匡》

【简释】行事时毫无私心，就足以宽容对待所有人；说出去的话一定要信守，那么政令就会畅通。这是管理百姓的要义。

公生明，偏生闇。——《荀子·不苟》

【简释】公正才能使政治清明，偏信则会使政治昏暗。（闇：同"暗"）

公道达而私门塞矣，公义明而私事息矣。——《荀子·君道》

【简释】公正的道路畅通了，徇私舞弊的门就被堵塞了；公义的原则明确了，私人的贪图就停止了。

居天下之广居，立天下之正位，行天下之大道。得志与民由之；不得志独行其道。富贵不能淫，贫贱不能移，威武不能屈。此之谓大丈夫。——《孟子·滕文公下》

【简释】住在天下最宽广的居处，站在天下最正当的位置。推行天下最广大的道义。有机会施展抱负，便与百姓共同实现理想；不得志的时候，独自坚守正道。面对富贵不能动摇心志，身处贫贱不能改变气节，强大的武力也不能挫败勇气，这才能称得上是大丈夫。

尧、舜之位天下也，非私天下之利也，为天下位天下也。——《商君书·修权》

【简释】尧、舜居于天下之君的位置，并不是要把天下之利据为己有，而是为天下人管理天下。（位：通"莅"，莅临。）

昔先圣王之治天下也，必先公。公则天下平矣，平得于公。——《吕氏春秋·贵公》

【简释】过去的圣王治理天下，一定以公正为先。公正则天下太平，太平来自于公正。

公正无私，一言而万民齐。——《淮南子·脩务训》

【简释】为官若能做到清廉公正大公无私，即使口出一言百姓也都会听从，齐心合力把事情办好。

以公与天下，其德大矣。推之于此，行之于彼，万姓之所戴，后世之所则也。彼人臣之公，治官事则不营私家，在公门则不言货利，当公法则不阿亲戚，奉公举贤则不避仇雠。——西汉·刘向《说苑·至公》

【简释】用公心去治理天下，功德是很伟大的。把这种思想推及到其他地方，就可以成为万民百姓所拥戴。后世后代所效法的对象。如果大臣一心为公，那么具体管理事务的官员就不会经营自己的私家，在官方做事就不会贪图货利，执行国家法律就不会偏爱自己的家人亲戚，依照职责推举贤才时就不会避开有私仇的人。

治天下者当用天下之心为心，不得自专快意而已也。——东汉·班固

《汉书·鲍宣传》

【简释】治理天下的人应当把天下的人心当做自己的心，不可以只考虑自己如何快意而意气用事。

鞠躬尽力，死而后已。——《三国志·诸葛亮传》

【简释】小心谨慎，勤勤恳恳，尽劳苦，贡献出自己的一切，一直到死为止。

居上者不以至公理物，为下者必以私路期荣，御圆者不以信诚率众，执方者必以权谋自显。——《晋书·袁宏传》

【简释】在上位者如果不以最大的公心处理事物，在下位者一定会通过不正当的手段期待得到荣耀。作为君主不能用诚信为万众做表率，臣下就一定会通过权势谋取显达的机会。

先天下之忧而忧，后天下之乐而乐。——北宋·范仲淹《岳阳楼记》

【简释】当官的立忧国爱民，以天下为己任，做到担忧、吃苦在天下人的前头，快乐、享受在天下人的后头。

不忧一家寒，所忧四海饥。——清·魏源《偶然吟》

【简释】不忧虑自己一家的饥寒，所忧虑的是天下人的饥寒。

故事

公私分明的解狐

晋绰公执政时期,有个叫解狐的大夫,他为人耿直倔强,公私分明,晋国大夫赵简子和他十分要好。

解狐有个爱妾叫芝英,生得貌美体娇,如花解语,深得解狐的喜爱。可是有人告诉解狐说,他的家臣刑伯柳和芝英私通。解狐调查后证明此事属实,他大为恼怒,把俩人痛打一顿,双双赶出了解府。

后来,赵简子领地的国相职位空缺了。赵简子就让解狐帮他推荐一个精明能干、忠诚可靠的国相。他想了想,觉得只有他原来的家臣刑伯柳比较合适,于是就向赵简子推荐了他。

赵简子找到刑伯柳后,就任命他为自己的国相,刑伯柳果然把赵简子的领地治理得井井有条。赵简子十分满意,夸奖他说:"你真是一个好国相,解将军没有看错人啊!"

刑伯柳这才知道是解狐推荐了自己。他是自己的仇人,为何却要举荐自己呢?也许他这是表明要主动与自己和解吧?于是刑伯柳决定拜访解狐,感谢他不计前嫌,举荐了自己。

刑伯柳回到国都,去访解狐。通报上去后,解狐叫门官问他:"你来是因为公事还是因为私事?"刑伯柳向着府中解狐住的地方遥遥作揖说:"我今天赴府，是专门负荆请罪来了。刑伯柳早年投靠解将军，蒙将军晨昏教诲，像再生父母一样。伯柳做了对不住将军的事，心中本就万分惭愧。现在将军又不计前嫌，秉公举荐，更叫我感激涕零。"

门官又为刑伯柳通报上去。刑伯柳站在府门前等候，却久久不见回音。就在他疑惑难解之时，解狐突然出现在门前台阶上，手中张弓搭箭，向他狠狠射出一箭。他还来不及躲闪，那箭已擦着他耳根飞过去了，刑伯柳一下子吓出了一身冷汗。解狐接着又一次张弓箭瞄准他，说："我推荐你，那是为公，因为你能胜任；可你我之间却只有夺妻之恨，你还敢上我的家门来！快走！"

刑伯柳这才明白，解狐依然对自己恨之入骨，他慌忙远施一礼，转身逃走了。

解狐能公私分明到这种境界，倒颇值得赞叹。

不贪为宝的乐喜

乐喜，字子罕，是春秋时期宋国贵族贤臣，曾长期担任相国之职。他出身于贵族家庭，系戴公的六世孙。

据史载，乐喜一生为政清廉，生活俭约，非常注重个人道德行为的修养，在宋国乃至各诸侯国都享有崇高威望。乐喜平时为人处世，就十分注意用道德规范来约束自己，并以仁德睦邻、施政被时人称为"仁相"。

有一年，宋国有一个人得到了一块硕大而又明洁的美玉，形状如玉人，是块稀世之宝。这个人前思后想，觉得献给乐喜比较合适，因为乐喜治国很有成效，他的一些政治主张和措施顺应了民众的意愿。出于对乐喜的感激之情，他携带着美玉，千里迢迢特地赶到了都城要把美玉献给乐喜。

不料，乐喜听说来意后，不等献玉者展示美玉，便立即予以辞绝。献玉者愣了一下，连忙说："这块玉石已经请识玉的能工巧匠鉴定过，确实是宝哇！"他以为乐喜担心玉石有假而受骗上当，故推辞不受。

乐喜耐心地解释说："我的信条是以不贪为宝，你则以这块稀世美玉为宝。假若你把它献给我，我俩便都丧失了自己所喜爱的宝物。还是让我们各自拥有所喜爱的宝物，这样更妥当些。"

献玉者又说："我随身携带着美玉也不便赶路，一旦路上遇上歹徒难免遭劫，这样还会增加我对丧宝的痛苦。"于是，乐喜便想方设法帮他联系到了一个买主，使这个献玉者卖掉了宝玉而得以富归乡里。

作为朝廷大臣的乐喜认为：自己最重要的职责之一就是要敢于在国君面前讲真话，如实地反映百姓的愿望和要求。为此，他常常直言规劝国王要节制自己的奢欲，要关心百姓的疾苦。

宋平公三十二年（前 544 年），宋国出现了一次罕见的天灾，致使大面积的农田颗粒未收，整个国家陷入一片饥荒之中。乐喜审时度势，连忙进言请求平公拿出了国库储备的粮食，先后三次向灾民出借粮食。

同时，乐喜本人又率先做出了榜样，他不但最先出借自家的粮食，而且他还吩咐家人在借粮食时，不许让借粮人写契约。意思是，借粮食者以后不必偿还。文武百官见他有如此举措，也一个个竞相模仿。结果，各级官员都竭诚赈灾，百姓中也出现了许多富者帮贫、贫者互助的动人场面。举国上下一条心，顺利地战胜了自然灾害，使周围各国无不刮目相看。

乐喜的事迹很多，流传也很广，尤其是他那"不贪为宝"故事，更是妇孺皆知。

西门豹造福百姓

战国初期的邺县地处漳河流域，漳河连年泛滥，两岸百姓深受其害，官吏无法根除水患，一味强征赋税，百姓怨声载道。因此，魏文侯大伤脑筋，总想委派一名得力的官吏去管理邺地，但始终没有好的人选。

后来，魏文侯发现西门豹胆识超群，做事明达干练，于是魏文侯决定任命西门豹为邺县（今河北临漳县）县令。

在西门豹赴任邺县县令之前，魏文侯亲自把他叫到跟前勉励他说："你即将成为邺郡长官，一定要做到成全大功，广施仁义，名扬天下。"

经调查后他了解到，每年夏秋暴雨，漳河水涨，往往泛滥成灾。而廷掾（县吏）、三老（乡官）乘机勾结巫婆弄神弄鬼，大搞"河伯娶妇"迷信活动，搜刮民脂民膏，把贫穷人家的女儿沉入河底。许多有女儿的人家生怕灾难临头，纷纷背井离乡，逃亡外乡。西门豹了解事情缘由后，非常生气，决心整治这种歪风陋习。

到了"河伯娶妇"那天，西门豹带了几个随从来到现场，他看了一下那被选为"夫人"的女孩子，一本正经地对巫婆说："这女子长得不好看嘛！麻烦你去报告河伯，说改日选到漂亮的再送去。"说罢一挥手，随从们抓起那个老巫婆就扔进漳河去了。

霎时间，围观的人们个个目瞪口呆，不敢说话，只有流水声在哗啦哗啦的响着。过了一会，西门豹说："老巫婆怎么还不回来？再让她的小弟子去催一催！"于是，一个小弟子被扔到河里。

紧接着"扑通"、"扑通"，又有两个小弟子被扔进水中。

不久，西门豹又说："看来女人不会办事，还是请三老亲自跑一趟吧！"下令把三老也扔进河中。

西门豹依然装出一副恭候河伯指示的样子，恭恭敬敬地在河边站了良久。

可这时，环列一旁的官吏、富豪却站不直身子了，他们一个个跪在地上叩头求饶，额角上鲜血都流了出来，脸色象死人般的灰白。

西门豹说："你们都起来吧，看来河伯把他们留下了，我们回去吧！"

从此，邺地再也没有人敢提给河伯娶妇这件事了，那些逃亡在外的人纷纷回到家乡重建家园。

如何治理这条多灾多难的漳河，变祸水为福水，成为西门豹要做的事关百姓幸福和农业生产的一件大事。西门豹深刻认识到，水患不除，邺县的面貌是不能彻底改观的。

为根治水患，西门豹先后多次请能工巧匠集思广益，然后又身先士卒，带领大家溯流而上，饮风沙，踏泥泞，观地势，察水脉，披星戴月，备尝艰辛地进行踏查。西门豹徒步详细勘察了漳河两岸，一幅治理漳河的宏图，也渐渐地成竹在胸了——沿漳河开挖 12 条水渠，引流分洪，蓄水灌溉。这是他殚思竭虑、呕心沥血的结果，也是他身体力行、事必亲躬的结果。

当时，在生产力还十分落后的战国初期，要同时开挖 12 条水渠，其工程之艰巨是可想而知的。寒来暑往，斗转星移。在西门豹亲自督促下，邺地百姓经过数载的艰苦劳动，12 条大水渠终于修成了。当地百姓生活逐渐得到了改善，逃亡他乡的贫民纷纷重返故土，使原先的穷乡僻壤变成了人口繁多、庄稼丰收、美丽富饶的地方。

一钱太守天下闻

在浙江绍兴有座"一钱太守庙"，江边有一个亭子，当地人称"选钱亭"、"一钱亭"。这庙、这亭，都与一人有关，他就是东汉的良吏、被人誉为"一

钱太守"的刘宠。

刘宠在会稽任县令时，吏治清明，民心稳定，生产得到了发展，百姓安居乐业。百姓称其有仁爱惠民之美誉，因此深受百姓的爱戴。

三年任职期满，刘宠接到朝廷命令，要他转任将作大匠（略近于今建设部长）。他认真交代完公务，即轻装简从，除随身携带的衣服、被褥外，别无他物。会稽的百姓感戴刘宠的恩德，特地在江边的十里长亭外顶香跪送。

刘宠带了两名随从，来到江边十里长亭处，准备登舟启程，见状忙抱拳作揖："刘宠有何功德，敢劳乡亲父老们如此送行。快快请起，赶紧回去各行家务吧。"他把百姓一个个扶起，和大家互道珍重。

刘宠和大家话别后，与两名随从西行四十多里，忽见前面站着五六个老翁，挡住去路。定睛一看，只见他们个个须发如雪，刘宠甚感奇怪，当即上去询问。老人们一齐跪倒在地，每人双手捧着一百枚铜钱，齐声说："我等代表全体乡亲，向大人敬赠薄礼！"

刘宠连忙俯身把他们扶起来，大为感动地说："诸位父老太辛苦了！乡亲们的心意我全领了，礼物则请收回，你们的日子仍很艰难啊！"

老人们高低不肯，为首的一位朗声说道："自从您来当太守以后，横征强索的官儿再也不见了，夜里也听不到狗叫了。真想不到这辈子快要完了竟能遇上这样清明岁月！前两天听说您要走了，乡亲们又难受又难舍，大忙时节，推选我们几个老哥儿们赶到这半道上等着您，送一送，表表心意。您千万不要让我们空跑一趟！"

刘宠听罢，差点儿落泪，他感于老人们的深情厚谊，为了不拂几位老人的心意，想了想，狠狠心破例受礼——伸手从一位老翁手里取过一枚大钱，不好意思地说："父老们过奖了，我的政绩哪像你们说得那样？我做得还差得多。实在是有劳父老乡亲们了，大家的心意我收下了。无功受赠，惭愧惭愧，多谢多谢！"然后把这一枚大钱放进自己简陋的衣箱里。一边拱手作揖，一边往后移步，与众老翁洒泪惜别。

刘宠默默地目送着老渔翁远去后，他吩咐随从打开衣箱，取出这一文钱，向江边走去。

"大人，您这是……"随从不解地问。

"我把这钱投入江中，作为纪念吧。"

"大人，这钱投入江中，不是沉入江底，便是随江水流淌而去，那还有什么意义呢？"

刘宠掂掂手中的一文钱："依你看，该如何处理这文钱呢？"

"大人，您看，前面不远处有一家馒头铺，用这一文钱去买馒头来喂江中之鱼，这不是有价值了吗？"随从向太守出了个点子。

刘宠一听，觉得有理，便吩咐随从买来一文钱的馒头。随后，刘宠和随从们登舟离去，待船行至江中，他亲自将馒头一个个掰开，抛入江水之中。

后来，这件事让百姓们知道了，大家纷纷称赞刘宠是一位钱物两清的"钱清"太守。每当渔民们捕捞到一条条肥壮的鱼时，便说这是鱼吃了"钱清"太守抛下的馒头之故。

辅佐五帝施仁政

高允是北魏时期的著名大臣，官至中书令，曾先后辅佐五位帝王，声名显赫，位高权重。但高允倒是洁身自好，为人正直，清贫自守，为官清正廉洁，非常受人尊重。

公元458年，北魏高宗（文成帝）拓跋返回首都平城后，即大兴土木建太华殿。

这时，中书侍郎高允认为此举骄奢劳民，便直言劝谏说："太祖开始兴建城池宫殿时，考虑到不误农时，施工一律用农闲时节。况且，我们建国的时间已很久，现有的宫殿足够使用。退一步说，即使要扩建宫室殿阁，也应逐步实施，而不能仓猝行事。照现在的建筑规模，初步核算，共需征调民夫差役六万人，而需供应饮食的老弱妇女，又得增加一倍。规模大，要求严，预计半年才能竣工。一个农夫不下田耕种，就会有人挨饿，何况竟然动用六万多人的劳力和费用，实在难以计算！这是陛下最应留心的事情。"

文成帝认为高允所言甚是，接受了他的进谏。

高允好直言进谏，朝廷有什么处理不当的事情，高允总是恳求皇帝召见。文成帝也常常屏退左右侍从，单独接见并与之面谈。有时从早晨一直谈到黄昏，或者一连数日不出宫。高允有时动情激论，言辞切中时弊，文成帝虽有些生气，却深知高允的直节劲气和激谏无忌的良苦用心，依然信任无疑，礼遇而善待之。

与高允同时被征召的人都步步高升做了大官，高允的属下被提拔为刺史或二千石级的也有数十甚至上百人之多，可是高允仍然担任中书侍郎，官职二十七年没有晋升。

文成帝激动地对文武群臣说："你们这些人虽然每天都手持刀枪弓箭侍候于我的左右，却不过是白白地站着，从来没有一人劝谏过一句话，只是当看到我高兴的时候，乘机乞求赏赐官职爵位而已。而今这些没有功劳的人，竟然都做了显赫的王公。高允呕心沥血地执笔辅佐我和先帝治理国家数十年，贡献甚大，可仍然不过是个郎官。相形之下，你们这些飞黄腾达的人难道不愧疚吗？"

于是，郑重提拔高允为中书令。

在个人仕途发展上，高允也看得很淡。北魏官吏没有俸禄，高允经常让孩子们上山打柴采野菜来维持生活。文成帝为此非常尊重高允，一直称呼他"令公"，不叫他的名字。"令公"的称号，也因此流传到远方。

高允为官几十年，一芥不取，至死节操不移。高允待人循循善诱，诲人不倦。他十分好学，昼夜手不释卷，博览群书，知识也非常渊博。他一生清贫自守，到老也没什么钱财。

节俭自律抚民安

李世民是唐朝第二位皇帝，是唐朝著名的军事家，政治家，他在位23年间国泰民安，社会安定，经济发展繁荣，为后来的开元盛世奠定了重要的基础，后人称他的统治为"贞观之治"。

唐太宗李世民执政之初，对隋炀帝贪暴奢侈而亡国的教训时时铭记在心，制定了一整套节俭弃奢的国策，为"贞观之治"奠定了良好的基础。

唐太宗崇尚节俭是出于一种强烈的忧患意识。他出生在隋朝的兴盛时期，又经历过它的动乱与灭亡。他亲眼看到，由于隋炀帝穷奢极欲，肆意挥霍，大造离宫别馆，广采美女珍玩，仅仅13年便使强大一时的隋王朝短命而亡。这个教训是极其深刻的。唐太宗"深以自戒"时刻提醒自己以"隋亡为鉴"。

唐太宗打过一个很恰当的比方：苛刻地对待百姓以供自己享乐，好比割自己身上的肉充饥，肉尽了，自己也活不成了。因此，当皇帝的必须"先存百姓"、"先正其身"。"正其身"的含义是"抑情损欲"、"清静无为"，不过分奢侈纵欲，使百姓安居乐业。

基于这种认识，唐太宗注意率先垂范，从自己做起。为了"省费"和"息人"，先后放出宫女三千多人，任其婚配；为了不过多扰民，节省费用，他对自己也有所节制，并尽量不妨农时。他不追求宫室的奢华，对土木之事颇为慎重。贞观二年（628年），大臣们提出，要为他建一座殿，建筑材料都准备好了，但唐太宗想到秦始皇大修宫室的教训，下令停止。此后，唐太宗曾产生重修洛阳宫的念头，由于大臣们的力谏，加之洛阳地区遭受了水灾，唐太宗打消了这一耗费巨大的营建念头。贞观四年（630年）十二月，西域14国要派使者前来朝贡，来宾不下千人。唐太宗准备派人去迎接，但魏征认为来宾太多，花费太多，于大唐不利。唐太宗以为然，停发使者，从而节约了一笔礼宾费用。

唐太宗反对讲排场和铺张浪费。贞观十二年（638年）早春二月，唐太宗驾幸蒲州，刺史赵元楷为了讨好皇帝，将城内的楼台馆舍装修一新，让百姓们穿上单衣在寒风中列队欢迎，还准备了一百多只肥羊、数百条大鱼分送给太宗的随从。唐太宗很不满意赵元楷的作风，斥责他的作为是"亡隋之弊俗"，赵元楷羞愧难当，不久便抑郁而死。

自古以来，皇帝的陵墓建筑耗费惊人。唐太宗恐子孙从俗奢靡，提倡薄葬，下诏"因山为陵，容棺而已"，即在山腰凿一洞，下棺入洞，不另起坟。这和堆土为坟的厚葬之风相较，省去了不少人力和物力。

敢讲真话的诤臣

玄武门之变以后，唐太宗李世民由于早就器重魏征的胆识和才能，把他任命为谏官之职，并经常引入内廷，询问政事得失。魏征喜逢知己之主，竭诚辅佐，知无不言，言无不尽。加之性格耿直，往往据理抗争，从不委曲求全。

一天，黄门官突然来向魏征宣诏，说是圣上有旨，要征集16至18岁身强力壮的人入伍。魏征觉得天下初定，由于连年的战争和灾荒，百姓中壮丁已很少，这样突然的征兵，不利于国家的安全。当他了解到这是宰相封德彝的主意时，他说：封德彝无视国家现状，征兵的主意不合时宜。他让传旨官告诉唐太宗，这种事不合法令，他难以听从命令。魏征公然抗旨不遵，吓得传旨官目瞪口呆，力劝他接旨，其他朝臣也为他捏一把汉。可魏征依然故我，泰然自若，竟反剪双手在大厅里踱起步来。

这时，黄门官又传来第二道旨意，让魏征速派人征点壮丁入伍。魏征仍然坚决不接旨，黄门官好心提醒他说："万岁要动怒了。"魏征却昂然回答："绝不苟且从命。"传旨官无法，只得奉命叫他人官见驾。李世民认为魏征太固执，责问他："征点壮丁入伍有何不可？为什么屡抗朕命？"

封德彝在一旁添油加醋、火上浇油地说："君命也不执行，怎能治理国家？"

魏征大义凛然地反驳说："难道大律不是君命？大律也是陛下亲自颁发的，倘若连陛下也违反大律，朝令夕改，怎么能治理好国家！"

李世民非常生气地问道："朕何时违律乱章？又何时朝令夕改？"

魏征正色说道："陛下八月即位时，曾下诏全国免征免调一年，百姓闻诏皆欣喜若狂，欢呼皇恩浩荡。可至今不到四个月，陛下就开始宣旨征兵，这怎能取信于民？按国家大律上规定，21岁至59岁的男丁方可征调，封大人怎么知法犯法，有辱君命？"

唐太宗听了很受启发，立即停止向魏征发脾气，下令停选中男入伍。

在魏征的所有谏言中，有两篇被历代史家赞颂为"千古金鉴"，"万世师表"，这就是贞观十一年（637年）上疏的《谏太宗十思疏》与贞观十三年（639年）上疏的《十渐不克终疏》。

《谏太宗十思疏》即《再论时政疏》。这篇奏章是魏征在贞观十一年四月写给唐太宗的。疏文围绕"思国之安者，必积其德义"为主题，从正反两方面进行论述，最后从十个方面阐述了"积德义"的具体内容，若能做到，则天下可垂拱而治。

贞观十二年，魏征看到唐太宗逐渐怠惰，懒于政事，追求奢靡，便奏上著名的《十渐不克终疏》，列举了唐太宗执政初到当前为政态度的十个变化。魏征的《十渐不克终疏》是贞观十三年五月的应诏之作。疏文批评唐太宗"骄奢自溢"有十种表现，辞强理直，淋漓尽致。

魏征于 64 岁那年去世了。唐太宗听到噩耗后非常伤心，亲临吊唁，痛哭失声地说："夫以铜为镜，可以正衣冠；以古为镜，可以知兴替；以人为镜，可以知得失。我常保此三镜，以防己过。如今魏征走了，朕从此便失去了一面宝贵的明镜。"

李朝隐持法不挠

李朝隐自从武则天当政时入仕，至开元年间而结束，先后扶持了唐朝几代皇帝，历任侍御史、长安令、司州刺史、大理卿、吏部侍郎等，他以廉洁自律，为政清严而享誉盛名。

武则天神龙年间，功臣敬晖、桓彦范等人被武则天的侄子武三思诬告，侍御史郑领受武则天的旨意请求判处他们死刑。

在事关生死的关键时刻，李朝隐挺身直言，他主张不经审理查实，不应该轻易用法的。因此，他冒犯了武则天，武则天要将他贬官流放。由于宰相韦巨源等人极力为他求情——"朝隐素清正，一日远逐，恐骇天下"，才得以免逐。

后来，李朝隐做了侍御史。当时，宦官当政，未经正式程序非法任命了许多官员。李朝隐不怕打击报复，弹劾罢免了 1400 多个官吏。不久后，李朝隐改任长安令。

有一次，宦官闾兴贵找长安令李朝隐走后门，为他的亲属办一件私事，李朝隐听后，原来是为犯罪者开脱罪责，于是将他逮捕入狱。

唐睿宗听说这件事之后，非常高兴，特意召见了李朝隐，慰问他说："您作为京师万年县的县令，能够做到这样，朕还有什么可忧虑的呢！"

唐睿宗还在承天门召集文武百官和来自各州的朝集使，向他们公布李朝隐的所作所为，并且颁下制书表彰他说："自古以来宦官每遇宽容柔弱的君主，必定会玩弄权势，擅作威福。朕每次读前代历史时，都对此颇多感慨。真正能够符合朕的心意的，是像李朝隐这样的人，所以应为他进一阶，为太中大夫，将他的考核成绩定为中上，并且赐给绢一百匹。"

开元二年（714 年），李朝隐任吏部侍郎。他主持人事工作公正平允，得到了当时官吏和百姓的高度称赞，唐玄宗下诏给予褒扬和奖赏。后来，李朝隐改任河南尹，严惩了横行乡里的恶霸。当时，太子舅舅的家奴恃势侵害百姓，李朝隐给予了严厉处罚，他说："此而不绳，何以为政？"唐玄宗知道后下旨对他慰问嘉勉。

李朝隐一生严格按照法律办事，素有公直之誉，每当御史大夫职位出现空缺时，当时的舆论都推举他。

清正廉洁为民颂

李勉生性耿直，为官做人，更是清正廉洁，奉公守法。他刚正不阿，死后毫无私蓄，吏民曾为其立碑歌功颂德，是唐代有名的廉吏。

767 年，李勉任京兆尹兼御史大夫。当时宦官鱼朝恩为观军容使，知国子监事，每到国子监视学，随从数百。前京兆尹黎干倾心候事，动心求媚，每次都指使府中上下预备数百人的酒食，鱼朝恩还是不甚满意。李勉到任后，鱼朝恩来国子监，府吏请示李勉，李不允许过分招待。鱼朝恩碰了个软钉子，从此再也不到国子监骚扰了。

至德初年（756 年），李勉随肃宗到灵武，官至监察御史。当时关东献上俘虏百余名，诏书命一并处以斩首。有一个囚犯仰天长叹，李勉过去问他："你为何仰天长叹？"他回答说："我被威胁不得不在那里任官，不是反叛者。"李勉于是哀怜他，上言说："首恶尚未灭绝，受玷污为官的人居天下之半。他们都想洗心归化。如果将他们杀尽，就等于是驱赶天下人去资助凶人奸逆了。"肃宗急命驰马前往宽释，于是每天都有归化者前来。

李勉虽然出身皇室，当因为家道中落，所以少年贫困。有一次客游河南、湖北一带，与一书生同行，在一个旅店里，书生病将死时，取出所带金银交给李勉，说："左右无知者，幸君以此为我葬，余则君自取之。"李勉为使他安心而逝，答应了他的要求。

然而安葬时，李勉却将多余的金银放入书生的棺材里。后来，书生的家人拜访时，李勉和他们一块打开坟墓，把金银全部交给了他们。

769 年，李勉任广州刺史兼岭南节度观察史，此时的广州"地当会要，俗号殷繁，交易之徒，素所奔凑"。

广州盗贼首领冯崇道、桂州叛将朱济时等依据山洞为乱。前后数年，攻陷十余州。

李勉到任，派遣大将李观与容州刺史王翻合力征讨，全都斩杀，五岭平定。在这前后西域泛海而来的船舶一年才四五艘，由于李勉性情廉洁，对商人多加抚慰，商船入口，不许侵夺；一年后广州商船如织，每年来船四十余艘，经济很快繁荣起来。

许多商人为感谢他，送来厚礼，都被他婉言拒绝。

到离任返京，在石门停船。他将家人贮藏的南货犀角象牙等财物尽数搜出，投进江中。

刚正廉洁的宰相

咸通十一年，耿直为相的刘瞻在昏庸的懿宗皇帝面前，为无故受牵连的三百余名百姓喊冤，主演了令世人敬佩不已的"刘瞻上疏"。

事情由懿宗的爱女同昌公主的病逝而起。

唐懿宗李漼共有八个女儿，同昌公主居长，也是最受懿宗疼爱的一个公主。不幸的是，同昌公主自幼体弱，三天两头倒卧病榻，日渐消瘦，在咸通十一年（870年）初秋，可怜的同昌公主终于撒手人寰。

为了摆脱责任，驸马韦保衡到宫中禀报公主死讯，他一副伤心欲绝的神情，一边婉述公主临终前的情形，一边痛斥御医们诊断不当，误投药剂。

唐懿宗猛听得爱女的死讯，简直有些支撑不住，趴在龙椅上大放悲声，哀痛中，对驸马的话全单照收，把女儿的死一股脑地归责于御医头上。他下旨将翰林医官韩宗邵等二十几个给同昌公主诊治过疾病的御医全部斩首，他们的亲族三百多人也牵连获罪，全部收入京兆大牢之中。

同昌公主的葬礼异常的风光。但乳母和服侍过公主的宫女将最后一批陪葬物品扛进墓室时，士兵们依照懿宗的吩咐，快速地锁上墓室的铁门，要乳母和宫女为公主陪葬。当时，墓室里面，一片喧哗。那是宫女们用木扛，用拳头擂打着墓室门，边敲打边发出撕心裂肺的哭号。

唐懿宗悲痛之中的不仁之举，引起了朝廷内外的纷纷议论，举国上下为之愤愤不平。于是刘瞻决定上奏进谏。

刘瞻的奏词有理有节，无可挑剔。这下惹怒了唐懿宗，他大声叱责刘瞻的犯上，当即降旨，将他贬为荆南节度使，责令三日内离京赴任，免得他再在朝堂上啰嗦个没完没了。

懿宗驾崩后僖宗立。素来以刚正清廉立言立身的刘瞻，得到重用，先后任康（今广东德庆县）、虢（今河南灵宝县）二州刺史。任两地刺史期间，他以出色的执政能力和务实为民态度，赢得了百姓的爱戴。僖宗钦佩他的才华以及为社稷为百姓的胸怀，将他召回京城，委任他为丞相。

刘瞻要回京城的喜讯长了翅膀一样在京城的老百姓当中传送着。他们要以最隆重的形式，欢迎这位为民办事的好官员回来！

京城长安东、西两市，居民们早就派人悄悄地探听刘瞻回朝的具体日子，谋划着一场盛大的庆祝活动，欢迎刘瞻重新来京城做官，他们要在护送刘瞻回京的卫队经过的时候，用热烈的鞭炮声，载歌载舞，迎接他的归来。

时值正午，不见刘瞻的卫队出现；转眼申时又过了，大街仍然没有刘瞻的身影。马队街两头来回奔跑，互相询问："是不是太大意，看花眼了？"

这时，远远跑来一匹马，马上的士兵，对街头的民众说："大家不用等了，刘丞相有要紧事，改日回京城。"

原来，刘瞻听到民众街头迎接他的消息，就变了更回京城的日期，改走小路回的京城。

忠君为国的廉相

唐代的姚崇是辅佐武则天、唐睿宗、唐玄宗的三朝宰相，因其公正廉明、刚正不阿，一生曾三次被罢官贬职。但是每当国家政局动荡、经济危机时，朝廷就会请他复出治国安邦，世道便转衰为盛，人称"救时宰相"。

唐开元初，玄宗李隆基粉碎了以太平公主为首的帮派集团，急需人才治理国家。一日，唐玄宗召见了被三次罢官贬职的姚崇，想让他复出为相，却见他微皱眉头，沉默不语。玄宗很是奇怪："怎么？你……有顾虑？"

姚崇点点头："为相不易啊，皇上用着了，敬在台上；用不着一句话就罢免了。三起三落怎能让人不虑？"

玄宗马上指天盟誓："此次复出不同寻常，彻底信任放权，决不听信谗言！"

姚崇说："我有十条建议，望为采纳。一、历代苛政赋税，把民负压太重，必先轻徭薄赋，让民休养生息。二、国家自治自强，不要侵犯邻邦；开放边关交易，平等互利交往。三、贪官污吏受贿，依法惩处从严；中央朝政到县，必须为政清廉。四、武后执政期间，宠信太监谗言；今后决策任免，不准内参宦官。五、拍马献媚奉迎，请客送礼成风；凡是有此行径，一律不得提升。六、皇戚达官贵人，都搞认人唯亲；此路必须杜绝，不准出任台省。七、先朝天子朝臣，不该一概换尽，其中埋没人才，还得启用信任。八、燕钦融和韦月将，本是忠臣无过，为民上书被杀，应该平反昭雪。九、睿宗武后则天，大造寺院庙观，耗银千百累万，今后不准再建。十、汉代王莽篡权，害得国破民乱；严防个人野心，结帮即刻调散。陛下以为如何？"

玄宗拍掌大呼："好啊！有此十条大纲，国家必能鼎盛。朕能行之！"

正值开元鼎盛之际，山东、河南发生蝗灾。飞蝗遍野，禾苗倾刻而尽，百姓嚎啕大哭，却不敢杀。因当时犯忌讳，蝗字通"皇"，杀蝗便要伤皇气，灭蝗便是"灭皇"，百姓把蝗虫作神虫拜，已成习俗。姚崇通令灭蝗，朝中大臣，便都出面反对。连平时坚定支持姚崇的玄宗，也变得犹豫不决。姚崇力辩群雄，对玄宗说："不要拘泥于文字，要看实际灾情，今蝗虫危害山东、河南，人们流亡殆尽，岂可坐视不救，任其酿成大灾？百姓饥饿而死，皇家安能自保？除蝗当务之急，不可犹豫！如果杀蝗有祸，祸及我姚崇一人。"

玄宗被感动了，下诏全国治蝗。姚崇亲自到河南、山东重灾区领导灭蝗。开封知州倪若水拒不杀蝗，姚崇亮出玄宗赠的尚方宝剑道："如不除蝗务尽，我拿你问罪！"

倪若水害怕了，动员百姓除蝗，免遭了饥荒。

姚崇除蝗回朝，玄宗设宴慰劳。宴席上，大臣齐擗夸赞姚崇说："每逢危亡之时，亏得姚公相救，可谓'救时宰相'。"

铁面冰心闻百世

包公做官二十余年，历任二十余职，不管是升是降是平调，都不改初衷，一生正大光明，铁面无私，所以政绩突出，官声极好，赢得了千古清名，万民颂扬。

开封城里有一条惠民河，河的两岸，既有平民住着，也有达官贵人的住宅。包拯任开封府尹时，天下大雨，河水泛滥，淹没街道，使许多平民无家可归。是什么原因造成了泛滥成灾呢？

包拯经过调查，了解到河塞不通，不能排水的原因，在于大官僚和贵族们在河上筑起了堤坝，将坝内的水面据为己有，种花养鱼，并且同自己的住宅连在了一块，成了水上花园。因此，要为民造福，要疏通惠民河，只有将这些堤坝挖掉。挖掉堤坝，冲走水上花园，贵族们能答应吗？

包拯画了地图，拿了有关证据，下令将所有堤坝与花园拆毁。有人自恃权大位显，告到宋仁宗那里。包拯拿出证据，证明他们非法建造水上花园。这样，惠民河疏通了。

一次，包拯接到皇帝圣旨，派他到陈州去处理奸商"趁灾打劫"的大案。原来，当时，陈州久旱无雨，田野荒芜，颗粒无收，民不聊生。不想天灾之上更加人祸，一些奸商竟丧尽天良，把粮食囤积起来，投机倒卖，甚至借机敲诈勒索，弄得地方怨声载道，百姓流离失所。

包拯义愤填膺，决心立马前去，查个水落石出，严惩首犯。可是，一旁有人轻轻对包拯说："大人，你知道这陈州奸商中的首犯是谁吗？"

"谁？"包拯反问道。

"奸商中最猖狂者，姓庞名玉，是当今皇上的二国舅。大人办案得小心谨慎哪！"

包拯一听，那黑黑的脸庞更加严峻，那闪亮的双眸更为有神了。他想：

215

我包拯这"青天"的名字叫得响，不就靠我心里不存私念，办案一心为公吗？今天，我能让这为非作歹的二国舅在"公"字面前耀武扬威吗？

主意已定，他大声吆喝："备轿！上路！"谁知，没出大堂，迎面便来了位老爷，一看，是庞玉的父亲庞太师。庞太师一脸谦恭，双手作揖："包大人远行，老朽前来送别。"说罢，偷偷给包拯塞过一个礼盒。包拯一看，好家伙！两只玲珑剔透的玉马！他不动声色，退回礼盒说："请太师放心，包某人当奖则奖，当罚则罚，决不会徇私情！"

好个包青天，一到陈州，冲破阻力，无所畏惧，严惩了庞玉。陈州的百姓奔走相告："包青天连国舅也敢铡，真是一心为公，铁面无私！"

包拯办案，不徇私，不舞弊，所以当时的天下百姓，男女老少都知道包公。京都的群众更把包公传为救世主。他们说："关节不到，有阎罗包老。"

无欲则刚王安石

王安石一生为官清廉，锐意改革，对于官场中那些投机钻营、吹牛拍马、行贿受贿等坏行为，甚为厌恶。

王安石当宰相时，一度得了气喘病。大夫开的药方里，有一味是紫团山人参。紫团山相距千里之远，要想买到紫团参亦是很困难。这种药，走遍京城也没有买到。

在这时候，王安石一手提拔的薛向，正巧调京任职，他来自人参产地，听说宰相治病需要人参就从陕西带了数斤紫团参来送给王安石。王安石却谢绝了他的好意，把紫团参退还薛向。有人便劝王安石说："你的病非得用这种药才能治好。既然有人送给你，你怎么不收下？治病要紧，接受点药算不了什么。"

而王安石却发起牛脾气来了："我这一辈子没吃过紫团山人参，不也活到今天？我就不吃它，还能立即死了？你们就不用为此操心了。"

王安石在担任舒州通判时，家徒四壁，除了书籍之外，几乎一无所有。吃的是最平常的饭菜，穿的是粗布衣服。其实，当时王安石掌握着全州官员的监察大权，地方事务也有权干预，如果他稍作暗示，那些削尖了脑袋想要往上爬的官吏，立即就会送来大把银钱。事实上，也确有其人。

此人就是丰南县的知县陈圣。五十多岁的陈圣，在知县任上熬了十多年，按宋朝官场惯例，早该升迁了。然而，在几年前因为夸大水灾灾情以冒领赈济款而受过处分，所以一直得不到提拔。这一年，又到了考核他的时候。他花了大把大把的银子"跑官"，把全州上上下下都打点得差不多了。王安石刚刚到任，他就赶上门来，陈圣进门之后，便说："看大人的官寓实在寒酸，属下心里过意不去，故送了200两银子，求大人收下。"

王安石一下明白他是来"跑官"的，沉下脸来问道："请问贵县此钱从何而来？"

陈圣赔着笑脸说："是署下俸禄。"

王安石说："我一个通判的俸禄比你多一倍，尚且不够用，你却何以如此宽裕呢？"

陈圣支支吾吾地正要辩解，王安石不由分说地把他请了出去。到了审察他的时候，王安石对此人的评语用了"品行稍有瑕疵"的字样，让他升官的愿望又一次落空。此事传了出去，虽然有人认为王安石不通情理，但大多数人敬佩他的正直、清廉。当然，从此之后，再也没有人敢来给他送礼、到他这里请托了。

顶天立地似铁汉

北宋后期，有一位以直谏闻名的大臣，被时人称之为"真铁汉"、"殿上虎"，这就是刘安世。

刘安世举进士后，曾拜大学士司马光为师。司马光说，做人应该德才兼备，而且"才者，德之资也；德者，才之帅也"，这对刘安世影响很大。不久，刘安世入朝担任了右正言（负责规谏的官职），他不惧权贵，敢于抨击时政，提出一些切中时弊的谏议，得到朝廷赞赏，被提升为左谏议大夫。

刘安世身为谏官，许多朝廷大臣对他又敬又怕，而奸臣蔡京则一意陷害，致使刘安世被贬到梅州。蔡京曾派使者胁迫其自杀，但没有成功。蔡京又指使一转运判官前往杀安世，安世得知消息后毫无惧意，一边继续与朋友饮酒聊天，一边为自己安排后事，并对人说："死并不难。"后判官途中暴死，刘安世才幸免于难。当时另一位被贬到岭南的大学者苏东坡听到此事，对刘安世大加赞扬，称他他是"真铁汉"。

刘安世是司马光的学生，有一天，他请问终身奉行的要则。司马光说："这个字大概就是'诚'吧！我平生竭力做到真诚，没有一刻离开过'诚'字。因此不管是站立在朝班之中，或是克己独行之际；不管是仰观于天或俯察于人，都不感到惭愧。"

刘安世问："要做起来，先从哪里开始呢？"司马光回答："从不说荒诞不可信的话开始。"从此，刘安世便对"诚"这个字拳拳服应，终身奉行。

有人又问刘安世："怎样才能做到诚？"

刘安世高兴的说："这个问题提得好，应当从不说荒诞不可信的话开始实践。起初我以为这一点很容易做到，但每一天将尽之时，自行检讨这一天的所作所为，其中相互掣肘、彼此矛盾之出还有很多，我经过一年的努力后才小有成就。自此以后，我言行一致，表里相映，不管遇到什么事情，心里都很坦然，做什么事都觉得很有余富。一个人只要平生竭力做到真诚，没有一刻离开过诚字。因此，不管他是站立在朝班之中，或是克己独行之际；不管是仰观于天或是俯察于人，他都不感到惭愧。

刘安世一生为人处世光明磊落，苏东坡说："刘安世是真正顶天立地的铁汉，不是寻常人所能企及的！"

万死常留社稷身

明朝嘉靖年间，海瑞任浙江淳安县知县。

一天，一位衣着华贵的年轻官吏在驿站指手画脚地骂人，嫌驿吏招待不周到，竟令随从把驿吏捆绑起来，倒吊在树上鞭打示众。驿站的人慌了，忙跑到县衙告知海瑞。海瑞问："是什么人如此大胆？"驿站的人说："是江浙总督胡宗宪的公子，带了好多箱东西路过这里。"

海瑞马上带人赶到驿站，看到几十个大箱小箱都贴着"江浙总督府"的封条时，就明白了这其中的奥妙，于是，眉头一皱计上心来，大声喝道："哪里来的大胆狂徒，竟敢如此放肆？给我捆起来！"几个衙役应声上前，当即把胡公子捆了。

"谁敢捆我？我是胡总督的儿子！"

海瑞也不理睬他，命人从树上放下驿吏，接着又叫撕掉箱子上的封条，一箱箱盘点，总共是 8000 两银子。海瑞想：这些银子肯定都是沿途敲诈地方百姓所得，把脸一沉，喝道："来人！这个刁徒冒充总督公子，重打 20 大板！把银子全部收入到县库中。"

衙役们一齐亡前，将胡公子按倒在地，连打 20 大板，打得胡公子呼爹叫娘。

219

打完了屁股，海瑞怒斥胡公子说："你这刁徒！竟敢冒充总督的公子，一路上敲诈这么多银两。胡总督是个体恤民情的'好官'，一向清廉，单凭你给总督脸上抹黑，就该重重治罪！你若老实交待了，我就派人把你交给胡总督，请他亲自处置你这恶棍！"

胡公子心想，若一口咬定自己是胡总督的儿子，说不定会被活活打死。好汉不吃眼前亏，只要这瘟官把我交给了总督，那还不等于送我回了家？到那时再叫父亲宰了这瘟官！想好便说："大老爷，小人实叫张三，是冒充胡公子到各地骗钱的。小人该死，请大老爷千万别把我交给胡总督。"

"你说的这些可都是实话？"

"回老爷，小人交待的句句是真。若有半句假话，任大老爷处置。"

"好，笔墨伺候！"海瑞一声吩咐，衙役就把文房四宝放到了胡公子面前。胡公子这时有些犹豫了，但望了望满面怒容的海瑞，不敢改口，提笔在录供上签上了"张三"字样，并按上了指印。

几天后，胡公子被押送到了总督府，胡宗宪见儿子一副狼狈的样子，大吃一惊，不知发生了什么事，看了海瑞的信，才知道自己被海瑞戏弄了。胡宗宪气得嘴脸乌青，又想不出出气的办法，蠢猪般的儿子竟招了供画了押，连报复海瑞的把柄都捞不到！就这样，海瑞巧妙地制服了胡公子的巧取豪夺。淳安百姓知道后，无不拍手称快。

万历十五年（1587年），海瑞死于任上。去世时，南京都察院佥都御史王用汲去照顾海瑞，只见用葛布制成的帏帐和破烂的竹器，有些是贫寒的人也不愿使用的，因而禁不住哭起来，凑钱为海瑞办理丧事。

海瑞的灵柩用船运回家乡时，穿着白衣戴着白帽的人站满了两岸，祭奠哭拜的人百里不绝。朝廷追赠海瑞太子太保，谥号"忠介"。

天下廉吏数第一

于成龙为官清廉，百姓称颂，康熙皇帝御赐他为"天下廉吏第一"的称号。

康熙十九年（1680年）春，康熙帝"特简"于成龙为畿辅直隶巡抚，翌年春，又召见于成龙于紫禁城，当面褒赞他为"今时清官第一"，并"制诗一章"表赐白银、御马以"嘉其廉能"。未逾两年，于成龙又出任总制两江总督。

身为"治官之官"，于成龙始终把整顿吏治放在工作的首位。他指出："国家之安危由于人心之得失，而人心之得失在于用人行政，识其顺逆之情。""以一夫不获曰予之喜，以一吏不法曰予之咎，为保邦致政之本。"

他新任直隶，即发出清查庸劣官员的檄文，责令各属将"不肖贪酷官员"、"昏庸衰志等辈"，"速行揭报，以凭正章参处"。针对各属贿赂公行，请客送礼之风，他从利用中秋节向他行贿的官员开刀，惩一儆百。

他赴任江南，入境即"微行"访于民间，面对"州县各官病民积弊皆然而江南尤甚"的状况，不禁叹曰："噫！吏治败坏如倒狂澜，何止时乎？"很快颁布了《兴利除弊约》，其中开列了灾耗、私派、贿赂、衙蠹、旗人放债等15款积弊，责令"自今伊始"，将所开"积弊尽行痛革"。

对廉洁有为的人才，于成龙反对论资排辈，他对清廷死板的任官"考成"制提出异议，认为不利于吏治建设，造成"问其官则席不暇暖，问其职则整顿无心，势彼然也"，常常使"远大之辞，困于百里，深为可惜"。为此，他屡上疏推荐人才。如直隶遵州知府于成龙（史称"小于成龙"）、江苏布政使丁思孔等都是较有作为的清廉官吏，由于他的举荐而受到康熙帝的重用。

于成龙的官阶虽越升越高，但生活却更加艰苦了。为遏止统治阶级的奢侈腐化，他带头实践"为民上者，务须躬先俭朴"。去直隶，他"屑糠杂米为粥，与同仆共吃"，在江南是"日食粗粝一盂，粥糜一匙，侑以青菜，终年不知肉味。"他天南地北，宦海二十余年，只身天涯，不带家眷，只一个结发妻阔别 20 年后才得一见。他的清操苦节享誉当时。

康熙二十三年（1684 年），在两江总督岗位上只工作了 3 年的于成龙病逝于南京的督署中，享年 68 岁。署中的官员去他家吊唁，看见他的遗物只有床头一个破箱，里面有一套官服、官靴，瓦缸中粗米数斛和几罐盐豉。众人无不相哭失声，就连"平时心惮成龙者，俱感动流涕"。

服务大众建书屋

每天早晨，位于江苏省江阴市香山路的"香山书屋"已经迎来了第一批读者。他们已选好书籍，把一杯新泡的绿茶或咖啡放在书桌上，在或浓或淡的香薰中，开始享受宁静而充实的阅读时光。

书屋对读者仅有一点要求：归还书籍时请您附一份读后感。

书屋的主人季丰是一位头发花白、性情儒雅的商人。两年前，季丰将自己的公司从这个黄金地段的店面房中搬走，把沿街 200 平方米的门面腾出来，加上楼上部分，共计 500 平方米改成公益书屋。他每年拿出公司经营利润一半以上保证书屋的日常运转。这个取名为"香山书屋"的书屋开办以来，不仅成为越来越多市民免费看书习字、下棋论画的新去处，也成为向社会传递正能量的一扇窗口。

两年多来，书屋各项硬件及房租、水电等投入均由季丰出资。刚开始有人不理解，认为这看不到回报。可是季丰说："谁说没有收获呢？以书会友，我不仅过上了健康规律的生活，也促进了人与人之间和谐的关系。更何况，办好香山书屋，给人们带去正能量，就是在实现我的理想之梦。"

一排排书柜里摆满了各类书籍，内容丰富，题材多样。3 万多册藏书中的一半是季丰自己购买的，其它则是在季丰的影响下，许多书友纷纷捐出的自家藏书。看书喝茶免费，书屋的培训班和文化沙龙也是免费的，而这全靠义工们帮忙。书屋辟出专门的学习室，添置了投影仪等，开设作文、象棋、书法、国学等培训班。每到周末，听课者从四面八方赶来；有时读者们提出希望设立新的培训班，也会很快得到有专长者的响应。

在香山书屋二楼，法制书屋示范点分别设置了法制图书室和公益服务站。其中，法制图书室摆放着各类法律书籍。还选取适当时机，举办法律讲堂，为群众上法制课，通过法律宣传、法律咨询、法律课堂等有效形式，当好市民的法律顾问，真正为群众提供贴身、无偿的公益法律服务。

把书屋办好寄托了很多人的梦想，书屋的大多数工作由100多名义工帮忙。更多的人踊跃报名争当义工，周围邻居也总会来问是否有什么需要帮助，哪怕来洗洗杯子扫扫地也行。很多家庭捐书到书屋，书越来越多。每天书籍借出去很多，但到目前也没有少过一本。晚上门口看书的桌子椅子有时不收，就放在户外也从未见损坏，也没有丢失过一件。以文明带动文明，积极正向的社会效应在书屋周边着实得以体现。

《人民日报》2013年11月22日14版介绍了香山书屋，季丰也获得了无锡市"十佳好人"提名。

没想到他们都记得

"七一"前夕，在郑培民辞世三载之余，记者探访了他的家，从他的结发妻子杨力求女士那里，了解到"为民书记"生前身后一些鲜为人知的故事。

从1969年起便在湘潭新华书店工作的杨力求，因郑培民到省里任职工作，

1993年调到省新华书店。几十年来，杨力求没有在工作上受到丈夫半点照顾。

郑培民是吉林人。兄妹都在老家，在湖南只有他一人。杨力求一家四兄妹。湘潭离长沙较近，杨家人就算是他们最近的亲戚了。但杨力求说："我家人没沾他一点点光。"

杨力求姐姐的儿子，已经30岁出头，一直没工作。一位同志告诉杨力求，可以把他介绍到某单位当保卫。杨力求心想干保卫不需要什么技术，只要有责任心就行，应该帮外甥一下。于是就跟郑培民商量这事。

"谁知他一听就火了。说那不行。"从那以后，杨力求再没提过帮姐姐儿子找工作的事，她的外甥到现在工作也没着落。每当面对姐姐家人，杨力求都觉得"心中有愧"。

同样让杨力求内心不安的，还有她兄嫂所处的困境。她的大嫂原在湘潭县湘绣厂工作，后因企业倒闭下岗。郑培民当时正担任湘潭市委书记。杨力求坦言："要是老郑稍微跟县里讲一下，甚至讲都不用讲，只要授意一下，人家马上就能解决嫂子的工作。可他就是提都不提这个事。"现在，杨力求的大嫂只能靠在乡政府工作的哥哥的一点工资和自己的低保金过生活，加上身体中风，家庭十分困难。

"我既然要维护老郑，就不可避免地要得罪其他人，包括自己家人。"杨力求说，一直以来，为了维护郑培民的形象，她甚至和自家兄妹交往时都会十分谨慎。她苦笑着说："要把好'后门'可没那么容易"。

从郑培民去世至今，每逢传统节日，杨力求总会携一家人去墓地祭扫，去时还总忘不了带上郑培民生前最爱吃的饺子、瓜子、黄瓜。三十载夫妻情深，杨力求始终难以走出丈夫离去带来的心痛。但那些心怀感恩的人们自发的思念，又给年已六旬的杨力求平添了许多慰藉。"没想到他们都记得老郑"，话一出口，她的眼眶涌出了泪。

郑培民生前出差经常光顾桃源县残疾人李德胜开的路边店"照顾生意"。郑培民去世后，一到清明节，李德胜一家便会从桃源赶来给他扫墓。

2003 年扫墓时，杨力求恰巧碰到了李德胜。"他们从没来过我们家，我们也没见过。我看他跪在那里拜，使劲哭，却不知是谁。就问他，他把手伸出来说是桃源的，我才知道。"

湘西吧仁村的张来福也在清明节不辞路途遥远，带来同村人对"为民书记"的感念和祭奠。"张来福他们一家披麻戴孝来给老郑扫墓，我好感动。"杨力求唱叹："老郑已经走了，他们现在也不图什么，还能这么老远来看他，真是很不容易。"

同样忘不了"为民书记"的还有盲人作家曾令超。"他经常打电话给我，到长沙就来看我。"杨力求说，湖南大学一位教授，1992 年被郑培民挽留在湖大，一直到 2002 年，这位教授从未到过书记家，倒是每年过春节书记都会主动给教授拜年。"但老郑走了以后，教授每年都来给我拜年，都来看我。"

这样的感动，无时无刻不在温暖着杨力求的心。更让她欣慰的是，两个高学位毕业的孩子都秉承了丈夫的品格，儿子在商务部连续两年被评为优秀公务员，女儿在湖南省教育厅工作同样表现出色。

"老郑曾这样对我说，作为党的一级干部，他的一举一动都代表党的形象，也是人民群众认识党的一个窗口，所以他总是规范自己的行为。而老郑的行为也对两个孩子产生了潜移默化的影响。"（来源：新华网）

他用一粒种子改变了世界

从田野重重稻浪中走来的袁隆平，是一代科学大师，也是一座精神富矿。他以科学精神与人文情怀、专业素养与道德操守、事业追求与社会责任、祖国情节与世界胸怀完美结合的风范，赢得了社会的普遍尊重。

袁隆平是一位视科学为生命、以科学为灵魂居所的伟大科学家。为了杂交水稻事业，他几十年如一日，矢志不移，默默奉献。

刚开始研究时，许多人说他是自讨苦吃，他坦然回答：为了大家不再饿肚子，我心甘情愿吃这个苦。研究条件的简陋艰苦、滇南育种遭遇大地震的威胁、"文革"期间的政治冲击、上千次的试验失败……都动摇不了袁隆平研究杂交水稻的决心。他把科研看得比家庭、甚至比生命还重，几十年像候鸟一样追赶着太阳南来北往育种，攻关的前10年有7个春节是在海南岛度过的。在艰苦的条件下，他患上了习惯性肠胃炎，体重下降20多斤。同事们担心他的身体，但他却毫不在乎地说："只要杂交稻能够培育成功，就是豁出性命，也心甘情愿！"

袁隆平注重实践。他说，书本上、电脑里种不出水稻，始终坚信真正的权威来自实践。"我不在家，就在试验田；不在试验田，就在去试验田的路上。"无论是烈日炎炎，还是刮风下雨，他和他的助手们都坚持下田，用自己的消瘦换来稻种的饱满，用自己的黝黑换来稻米的洁白。在第一线的坚守，使他抓住了科学的灵感，锻造出了战略性眼光。

袁隆平甘为人梯。他注重培养杂交水稻科研人才，将团结协作看作是打开成功之门的钥匙。他捐出奖金，设立了科研基金和农业科技奖励基金；他将试验材料"野败"毫无保留地分送给全国18个研究单位，加速了"三系"杂交稻研究的步伐。在他的培养和带领下，我国杂交水稻界精英辈出，研究成果层出不穷，30多年来一直处于世界领先地位。

袁隆平永不满足。从"三系法"到"两系法"，从一般杂交稻的成功到超级杂交稻一期、二期再到三期，袁隆平将水稻产量从平均亩产300公斤左右先后提高到500公斤、700公斤、800公斤。如今已经77岁高龄的袁隆平，依然老骥伏枥，壮心不已。他说自己还有两个愿望：一个是到2010年，第三期超级稻要实现试验田亩产900公斤；一个是把杂交水稻推向全世界。

大德有大成。到2006年，我国累计推广种植杂交稻56亿多亩，每年增产的稻谷可以多养活 7000 多万人口，相当于全世界每年新出生人口的总和。不仅如此，杂交水稻还被推广到全球 30 多个国家和地区，种植面积达 3000 多万亩。袁隆平因此得到了党和国家领导人胡锦涛、温家宝等的充分肯定和国际社会的由衷赞誉，先后获得 10 多项国际大奖和"杂交水稻之父"的美誉。

大道归大真。和水稻打了一辈子交道的袁隆平说，人就像一粒种子，身体、精神、情感都要健康。可以预期，大胸怀、大境界的袁隆平，真正的顶点在未来。

（来源：红网）

生命最后时刻仍在"冲锋"

"大漠，烽烟，马兰。平沙莽莽黄入天，英雄埋名五十年。剑河风急云片阔，将军金甲夜不脱。战士自有战士的告别，你永远不会倒下！"这是 2013"感动中国"对林俊德院士的推荐词。

林俊德院士的一生，始终以一个战士的姿态坚守在大漠深处，冲锋于核技术领域。

26 岁时，他带领科研组研制出世界上第一台钟表式压力自记仪，为判断我国首颗原子弹爆炸成功作出重要贡献。28 岁时，他探索研制出高空压力自记仪，为我国首次氢弹飞机投弹安全论证提供科学依据。

40 岁开始，他研究并推动建立核爆炸应力波和地震、余震等测量系统，为我国地下核试验及禁核试地震核查技术发展奠定坚实基础。他研制出具有自主知识产权的核心部件，建成国际上独树一帜的力学实验装置。

1997 年，他从总工程师岗位上退下来后，仍然忘我战斗在科研试验第一线，亲自担纲 10 多项重大国防科研尖端课题研究。

2012年5月4日，林俊德被确诊为胆管癌晚期。为抓紧传授自己的学术思想和技术思路，他拒绝住院治疗，返回单位工作。5月23日被迫入院后，为争取工作时间，他拒绝手术和化疗。5月26日，因病情恶化，他被送入重症监护室，醒来后对医生说："我是搞核试验的，一不怕苦、二不怕死，现在最紧要的是时间、是工作！"

在生命最后8天里，他强忍病痛整理完用毕生心血积累的3万份科研资料，3次打电话指导科研工作，2次召集课题组成员交代后续任务，并写下了6条建议。他还用两天时间审改一名博士8万多字的毕业论文，并写下338字的评阅意见。在生命最后1天，他仍然9次请求下床工作。

林俊德走了，走得如此悲壮，走得如此感人。他的品质意志犹如铁打钢铸，"一息尚存拼搏不止"，将永远鞭策和鼓舞着我们在建设社会主义事业的道路上奋勇前行。（来源：乌鲁木齐晚报）

四大人伦节日

节日是人们祈愿的生活状态，具有丰富的理想因素和情感因素，具有提升精神的作用。节日是好载体，它有几大优势：首先是广泛性，群体性参与，覆盖面广；其次是周期性，每年周而复始，不断重复强调，入心至深；再次是欢娱性，寓理于乐，而且有三富的感情色彩，以情动人。即使从文化普及和教育推广来说，节日也具有无可比拟的优越性。我们的人伦规范建设，怎么能不重视这么好的载体，怎么能不建立咱们自己的重要人伦节日呢？

我国的传统节日一般都是综合性、多义性的，缺少突出单项人伦主题的节日；而现代社会分工很细，需要有表达单项人伦感情的节日，于是西方的此类节日就趁虚而入。但异质文化的人伦节日难于承且传承中华人伦传统之任。而且像眼下这样，让美国的母亲节、父亲节席卷神州，长此以往，势必影响中华文化的主体地位，不利于民族精神的弘扬和培育。建议主动设置植根中华文化土壤的以夫妻、亲子、师生三大人伦关系为主题的中华情侣节、母亲节、父亲节、教师节，以推进三大人伦规范的建设。

中华情侣节（叠加在七夕节）　爱情是永恒的题目，情侣夫妻是最基本、最重要的人伦关系之一。以牛郎、织女为形象代表的七夕情侣节，不是单属未婚情侣的，而是涵盖各个年龄段的夫妻情侣所共有的。七夕婚恋观强调的是婚姻自主而非屈从外力，看重的是人格人品而非权势财富，赞扬的是忠诚坚贞而非轻薄浮浪，追求的是精神高尚而非一时情欲，赞赏的是勤劳持家而非好逸浮华。古汉语单音节词多，但在夫妻关系上，偏要用双音节的"恩爱"，强调"一日夫妻百日恩"，要有感恩报恩的心态；偏要用双音节的"情义"，强调有情有义。这是中华民族优良传统的婚恋观，而且可以与时代精神相融通，是现代人应当继承发扬的，是有利于新时代精神文明建设、抵拒不良风气影响的。在建设和谐文化体系的今天，我们应当从传统七夕节所固有的文化蕴含中，提升出积极健康的婚恋观，作为中华情侣节的精神，并创造出适合今日人际交往和社会活动的节庆方式，把传统和时尚融通起来，年复一年地发展出为广大群众所喜欢的七夕中华情侣节。2010年中宣部等中央七部委《关于深化"我们的节日"主题活动的方案》已经说七夕节的主题是"爱情忠贞"，2012年七夕节中央电视台连续十几小时播放爱情主题的节目和一台晚会。七夕节作为中华情侣节必将蔚然成风。

中华母亲节（孟母生孟子而成母亲的农历四月初二） 母爱、爱母，是天然形成的相辅相成的两个方面。爱子必然教子，母爱必然提升并落实在母教上。母亲教育是民族素质建设和人才资源开发的原始性、长久性的基础。因此，有识之士不断呼吁要发扬母教传统，振兴母教文化。人们很自然地想起了"孟母教子"的中华传统。我国历史上有不少很伟大而且很有影响的母亲，孟子的母亲仉氏是最突出的一位。两千年前西汉时的《韩诗外传》和《列女传》就有翔实记载。近八百年以来中国最普及的儿童读物《三字经》中有："昔孟母，择邻处；子不学，断机杼。"中华儿女耳熟能详。中华母亲节应当发扬这种优良传统，这是中华母亲节不可或缺的一个方面。爱子和孝亲是双向互动的。父母给予子女生命，对子女有一种出于本能的无私的慈爱；子女在母体中孕育成长，本来就依恋父母，又不断感受到父母的教养之爱，很自然地滋长着亲情回报的爱心。这是人性的自然感情。我们中华母亲节一面提倡母爱、母教，一面提倡爱母、孝亲。异质文化的母亲节既难于传承中华的母教传统，更难于传承中华孝亲传统，而这两方面正是中华母亲节的内涵。我们要在经济全球化的挑战中，坚守住中华民族的精神家园；在捍卫世界文化多样性中，展现中华母亲节文化的光彩。

不同文化的母亲节形象代表都有不同的文化个性，流淌着自己民族文化的血液，承载着自己民族的民族精神。5 月第二个礼拜天的美国母亲节是美国文化的产物，同美国历史、美国宗教有不解之缘，有鲜明的美国文化的印记。在世界多数国家未有自己母亲节的情况下，随着强势文化的推行，有些人跟着过美国的母亲节，但它远非"世界的"。欧洲文化跟美国文化很密切，但许多欧洲国家仍有自己的母亲节，法国在晚于美国十四年之后，即 1928年才设立母亲节，也没有选择已有的美国母亲节的日期，而是定在 5 月的最后一个星期日；葡萄牙、西班牙、瑞典、匈牙利等也都有自己的母亲节。同处美洲，尼加拉瓜定在 5 月 30 日，阿根廷定在 10 月的第二个星期天。非洲的埃及、南非、中非共和国等都有自己的母亲节。亚洲国家印尼的母亲节是11 月 22 日，泰国 1976 年宣布 8 月 12 日为自己国家的母亲节，韩国、印度、黎巴嫩等都没有取同美国。阿拉伯国家大多数都以 3 月 21 日"春分"为母亲节，都植根于自己的文化。据不完全统计世界上已有七十多个国家设立了自己的母亲节。并无国际组织宣布美国母亲节是"国际母亲节"，我国党政部门也从未宣称承认"国际母亲节"。一些媒体因不察而误把美国母亲节当作"国际"母亲节大加宣传。既然把国人误导，就有责任改正，把国人引出误区。

中华父亲节（叠加在重阳节） 随着世界人口老龄化，倡导尊老敬老需要设立老人节，联合国的做法值得我们体味：它不是把某强势文化的老人节指定为"世界的"老人节要各国追随，而是在 1982 年第 36 届联合国大会第 20 号决议中提出，建议各成员国政府自己确定一个日子为自己国家的"老人节"，主题相同，具体日期不同，尊重各国的不同文化的选择，从而使各国有各国自己文化个性的老人节。1989 年，我国政府决定以本来就蕴含着惜老敬老内涵的重阳节为中国敬老节（老人节），使这一传统佳节又增添了新的内涵。这是发展传统节日和保护非物质文化遗产的范例。

2010年中宣部等中央七部委《关于深化"我们的节日"主题活动的方案》说：重阳节应突出"敬老孝亲"的主题。增添了"孝亲"，真贴切！九月初九重阳节是中华敬老节，可以同时是中华父亲节。古人以奇数为阳数，偶数为阴数；天为阳，地为阴；男为阳，女为阴；九是最大的阳数，"重阳"适宜作父亲节。

黄帝是中华民族的人文初祖，是由母系氏族过渡到父系氏族的代表。中国古代就有黄帝于九月九日乘黄龙上天的传说，从汉代以来，人们便在这一天祭祀黄帝。把重阳祭黄帝的这一天，作为中华父亲节，正是传统民俗的延续。

与母亲节的情况一样，5月第三个礼拜天的美国父亲节，也不是"国际"、"世界"的；据不完全统计，三十几个国家都有自己的父亲节。如俄罗斯（2月13日）、德国（5月31日）、意大利（3月17日）、澳大利亚（9月第一个礼拜日）、泰国（12月5日）等。

中华教师节（孔子诞辰日）　孔子是中国的第一位教育家、是中国教师的鼻祖，被后世公认为"万世师表"，以孔子为教师节的形象代表源远流长。清雍正五年（1727年），已定孔诞为全民性的节日。1939年民国政府相沿确定以农历八月二十七日（9月28日）孔子诞辰为教师节，至今在中国的台湾、香港以及马来西亚、美国的加州等都以孔诞为教师节。

中华人民共和国成立后，1951年决定以五一国际劳动节为教师节。1985年又决定以9月10日为教师节，但未考虑这日子本身有无特定的文化内涵，对于弘扬中华师道文化和培育民族精神有无特定的底蕴。这受当时条件的制约，我们无意苛责。只是由此说明：就在最近短短的几十年中，教师节也是在随着人们认识的变化而改变的。随着我们对传统的认识的转变，我们的教师节也应当转变而继承优秀传统。

现在的教师节，多是学生为老师庆祝节日，侧重于培养学生的尊师。这应该是教师节的一个方面，可教师节还应具有另一层也许更为重要的内涵。教师节首先是教师自己的节日，通过节日可以使教师进一步培养为人师表的职业意识，提高自身的职业素养，增强对所从事职业的敬意。以孔子为形象代表显然有利于丰富教师节的文化内涵。

从 2004 年开始，我们以政协提案的方式几次呼吁以孔诞为中华教师节。教育部肯定了提案的理由，答应在修改教师法时负责转达我们的建议。2012年 9 月，教育部又答复同意我们的意见，修改教师法已列入立法规划，待全国人大常委会作决定。2013 年 9 月 5 日国务院法制办公布《教育法律一揽子修订草案（征求意见稿）》，对教育法、高等教育法、教师法和民办教育促进法四部法律相关条款进行修订。意见稿中拟规定，每年 9 月 28 日为教师节。我们期盼全国人大常委会和教育主管部门能够顺应民心，采取相应举措，为实现中华梦设置一个更合适的中华教师节。

七大传统节日

人伦情感是传统节日的灵魂。我们的传统节日无不灌注着浓浓的人伦情怀，是人伦教化的好载体。

中华传统节日顺天时而成俗，它成形于农业文明时期。农业是在自然条件下进行生产活动的，跟季节、物候、天文等自然现象和规律关系非常密切。传统年节体系兼顾太阳、月亮与地球、人类的关系，同农耕社会民众劳逸结合的需要相适应，依照自然节奏，适应气候周期的规律，形成时间框架：中华年是自然时序更新的一个周期，隆冬休闲之后，一元复始万象更新，燃起新的希望。元宵节是过年的压轴大戏，狂欢热闹一番就投入新的劳作。清明时节春意盎然生机勃发，在春播春种之时感谢先人和大自然赐给生命和生机。端午节天气渐热，百虫孳生，及时辟灾驱疫、健身保平安。七夕节银汉秋光，瓜果成熟在望，爱情也充满期望。中秋节秋收欢悦，祈愿人月两圆。九九重阳，惜秋敬老，万寿无疆。这个年节体系，以自然节气的规律性变化为依托，宛如一幅自然节候的流程图。这是在天人合一宇宙观下人与自然融为一体的、充溢天人和谐之情的民族生活时间表。

中华传统节日，感自然节律而起，孕人文精神而丰。它从历史长河中走来，不断融入人文内涵和富有人文精神的故事传说。清明前为什么"寒食"呢？传说中是为了纪念介子推。他功成不受赏，被烧死前还劝君主为政要清明，所以他被火烧的时日人们要禁火、冷食，以示纪念。端午节为什么赛龙舟、吃粽子呢？传说中这是为了纪念屈原。他人格高洁、不忍国家沦亡而赍志沉江，龙舟竞发和包粽子都是为了救屈原或祭屈原。七夕观银河两岸的牵牛、织女星宿，产生了牛郎织女忠贞不渝的爱情故事。中秋赏天上圆月，产生了嫦娥奔月、吴刚伐桂、玉兔捣药的美丽传说。可见传统节日本身就是随时代而发展的，今天我们有责任按时代的要求继续让它发展。

中华年（春节）　地球上时序更新的周期大约是三百六十多天，这也就成为人类生活的自然周期"年"。中华民族早谙这个周期，在这"天增岁月人增寿"之时，回顾总结往年，规划祈愿来年，年复一年的"过年"积累成年俗文化，其核心是年终岁首辞旧迎新的"年"。阳历的元旦被规定为"新年"、农历年被改称"春节"已经这么久了，人们口里的"过年"、"拜年"、"年三十"、"大年初一"等指的仍然是农历年。农历伴随中华民族走过漫长的历史岁月，是废不了也不应该废的，农历年的"年"地位也不应该废，积累数千年的年俗文化离开这个"年"字，就失去了根源，失去了核心。"年"是统领"节"的，失去这个"年"，中华年节体系也就"群龙无首"了。每年外国元首大多数也是祝贺华人过年。鉴于上述种种，建议正名为"中华年"，是海内外中华儿女共同的年，共同的精神家园。作为过渡，"春节"暂且并用不悖。

人伦情义是年俗文化的精髓。西方节日多与宗教有关，中国传统节日则注重人伦感情。过年回家在一定程度上是从功利境界回到天伦境界。

许多人觉得现在的年味淡了，这有历史的原因，也有下述现代的原因。

市场经济、现代化是社会进化的大趋势，这期间，如何避免过分功利化，是个大课题。过分地以功利为旨归、以功利为算筹，就会阻碍人的全面发展、扭曲人的正常感情，就会削弱人伦情义；过分讲竞争就像过分讲斗争一样，不利于社会和谐。过早过重的竞争压力连童年都失去快乐，使社会人心浮躁。压岁钱本意是表现长辈对晚辈的关爱，象征意义大于实际意义，精神元素重于物质元素，文化价值重于经济价值，现在有些人却只看钱数不看人情。在此情况下更有必要经营好中华年，过好年可以成为疗治现代社会病的一剂良方。

"每逢佳节倍思亲"，贯串过年始终的是浓浓的人伦情义。祭拜祖先、夫妻恩爱、亲慈子孝、感恩长辈、关爱晚辈，安享天伦之乐。敦睦情怀、慈爱心肠扩及敦亲睦邻、友朋温馨、人际和谐。这在中国人的幸福观中占有重要位置，这就是"福"。西方的"圣诞老人"身份是"天使"，中国赐给压岁钱的是长辈，不需要化妆成天使，因为我们的天堂不在彼岸，而在自己营造的天伦之乐、和谐境界。

感情是一切年俗的生命。不投入感情，除夕团圆饭只是吃吃喝喝，压岁钱只知道钱数，拜年只是乏味的客套，发贺卡只是文字游戏，一切年俗只是古旧枯燥的形式。而一旦注入了真情实意，一切年俗就有了生命的真谛。

中华年，最容易唤起对亲人、对家庭、对友人、对故乡、对祖国的情感，充盈着亲情情结、敬祖意识、寻根心理、报本观念。唤起对民族文化的记忆、对民族精神的认同，唤起同宗司源的民族情、文化同根性的亲和力。它是社会和谐的促进器，是民族情感的粘合剂。过好年，显然有利于培育民族情感、增强民族团结、维系国家统一，有利于加深全世界中华儿女的亲情，有利于祖国统一大业和中华民族的伟大复兴。

元宵节　元宵是过年和冬闲时群众性文艺活动的大检阅，人们以娱乐嬉闹的方式为年假作总结。如果说春节是家人团聚的节日，那么元宵节就是城乡社会化的公共节日。元宵节俗活动通常在公共场所进行，如踏月走桥、看花灯、猜灯谜，耍龙灯、扭秧歌、台阁社戏及放焰火等，"闹元宵"成为元宵节俗的特征。元宵的喧闹以及元宵美食，在传统社会均有着祈求丰年、期盼太平的动机与寓意。自汉文帝以来，"与民同乐"成为元宵节的传统，由于元宵夜突破日常的生活禁忌，"元宵闹夜"成为中国传统节日中难得的文化景观。

我们应发展元宵的这一文化特质，我们的各级领导可把此传统发展成为"亲民"的大联欢，有意识地为城乡居民展拓社交娱乐的空间，有组织地开展群众文艺大会演、民俗活动大巡游（如社火）等，鼓励广大群众参与，让传统的"闹元宵"变成城乡的"狂欢节"，这有益于活跃民族精神、建设和谐社会。

清明节 清明节的核心内涵和情感本体是缅怀先人，特别是已逝的父母。其感情本质就是人伦精神，就是"孝"。

一些西方人的观念认为生命是上帝赐给的；中国人的观念则是"身体发肤受之父母"，是娘生父母养的，是祖宗传赐的。

中华民族的亲情情结、敬祖意识、感恩心理在清明节可以得到充分张扬。西方一些人感恩上帝，中国人首先感恩父母，这就是"孝"。清明节是中国的感恩节。

人从哪里来又到哪里去？这是人类永恒的疑问，清明节就是试图处理生与死的联系、连接、沟通，接触到对人的终极关怀。

物质生命有限而无法永存，精神生命却无限而可以永恒。生命之火如何延续？我们的祖先讲究雁过留声，人过留名。什么样的人生能够留芳千古？古人的回答是：立德、立功、立言。为此我们祖先创造了发达的史官文化系列，大的有正史、断代史，中的有地方志书，小的有族谱、家谱、墓志铭、墓碑，都记录人的懿行嘉言，留名传后，发扬优秀精神传统。不忘往者，激励生者，培养来者。这些都成为清明节缅怀的工具载体。

纪念先人是希望后人也纪念自己，不忘自己；这种意念同时也就会激励自己，提升生命价值，延伸精神生命。

现实的有限世界与虚拟的无限世界之间需有中介载体，清明节的种种活动逐渐应需而出现。

清明节的核心内涵和情感本体是缅怀先人，价值取向是提升生命意义，文化功能是凝聚族群、和谐天人。

（1）纪念先人、先烈、先贤。祭奠亲人的扫墓活动、祭祀祖先和民族始祖的祭祖活动，现已发展到缅怀革命先烈，还可以再扩及先贤英杰，包括民族英雄、杰出历史人物。爱祖国从爱家乡开始，乡先贤是家乡的历史和山川风物的灵魂，祖国的大小城乡遍布英杰的足迹，清明节时组织青少年到英杰陵园或墓地扫墓，到英杰纪念碑、纪念馆、故居、遗迹瞻仰献花，举行入队、入团、成年礼等仪式。城乡各地都可以选择适当地址举行清明公祭，首都可在天安门广场的人民英雄纪念碑举行国祭。这些都是非常生动具体的爱国主义和民族精神教育，也是凝聚全世界中华儿女之心的文化举措。

（2）墓祭、网祭、文明祭。扫墓时大多数人已经不相信阴间之说，更不相信焚烧成灰的纸钱冥器可以为先人所用，因此多用鲜花代替纸钱和祭品，反映了现代人文明程度的提高。在城市，一般以火葬代替土葬，使逝者不再与生人争地，也有利于生态环境的改善，清明时节人们到公墓探望，擦拭护理先人的骨灰盒，敬献鲜花，祭奠纪念。随着科技的发展，近年出现了"网上墓园"，人们可以在这种虚拟的墓园里设置已逝亲人和祖先的一块墓地，清明时可以在这个网上专页中献花、留歌、点烛、留文，表达怀念和敬慕。祭奠死者，本来就是为了满足一种精神需要，是一种精神活动。网上纪念，可以跨越时空，让被纪念者的生命精神长远流传，让纪念者与被纪念者的精神交流和对话超越时空的限制而进行。这种祭奠方式方兴未艾，正在极大的想象空间中发展。近年又出现骨灰室和公墓的人性化发展。据报载，广州殡葬管理部门正着力改造传统意义上的火葬场，新建公墓、新创家居式骨灰寄存模式来方便市民在隔间单独祭拜先人。在墓地外也将兴建大型景观墓地，过去墓碑密布的坟场形象将被公园式墓地取代。此种尊重清明节的固有情感内涵，将私密性与环保性有机结合的公墓有很大发展空间。

（3）植树、环保、春游。清明节的情感本体是纪念先人，文化功能是凝聚族群，价值取向是提升生命意义。清明郊外上坟后顺便踏青，这也是节哀自重转换心情的一种调节，趁势可大力发展郊区旅游业。为了顺应清明时节阳气上升、万物萌动之理，人们开展了多种多样的迎春健身活动，如荡秋千、放风筝、蹴鞠、拔河、斗鸡等。同时，清明插柳之风可发展为植树造林之举，民谚说："种树造林，莫过清明。"我国民主革命的先行者孙中山先生很重视植树造林，他的意愿是将植树节放在清明节，按他的倡议，1915 年北洋政府就正式颁布以清明节为植树节。1984 年北京市定的"全民义务植树日"即邻近清明节。北方地区很可以把清明节发展为植树节、环保节。当人们发现，在清明播下希望的种子，几度春秋后，郁郁葱葱的满目绿意就会弥漫过来，会感到生命之树长青，那就是留住了春天，也留住了生命。当越来越多的人在清明时节参与植树、环保活动时，植树留春、环保护春的新节俗也就形成了。

端午节 端午节至少可以从卫生、体育、文艺三方面发展节俗：

（1）夏季将到，天气日益湿热，百虫和细菌繁殖快，疫病易生，所以人们需要一个全民的"卫生防疫节"——端午节。在古代条件下，端午节人们洒扫庭院铲除虫菌孳生地，用雄黄水、雄黄酒消毒，佩戴防疫健体的各种香囊荷包，采集各种药材备用，烧药草汤洗浴，富有民俗特征的还有悬插"艾叶"和"蒲剑"等。现在可以从原来的避灾驱疫保平安的活动发展为全民的迎夏卫生活动，把爱国卫生日设在此日。

（2）以举办各种层次的龙舟比赛为核心，推动民间群众性的体育活动，激发节日热情，端午节可以成为龙舟节、群众体育节。

（3）屈原已成为中华诗魂、端午节魂，可以从吃粽子、纪念屈原发展为设立诗歌节，推动诗和歌的创作、唱诵。抗战时西南后方曾这样做，这两年中央和一些地方也开始这么做。

七夕节 七夕节的乞巧等节俗已难吸引现代青年，爱情主题日益突出。青年人很需要表达爱情的节日，于是被2月的西方情人节所吸引。其实，中华民族早有自己的情侣节。七夕节有两千多年的历史渊源，有遍及神州的民俗基础，有牛郎织女的忠贞形象和优美故事，有丰富多彩的文学艺术作品，积淀着深厚的民族文化、民族心理、民族精神，理应成为中华民族的情侣节。详见前文。

中秋节 中秋节的主调是人月双圆、和谐圆满。

（1）月华桂影。"月到中秋分外明"，加上这时正是秋收季节，丹桂飘香，真是：中天一轮月，秋野万里香。中秋赏月成为全民族的习俗。登高人近月，水清月近人。登高和临水的赏月胜地最多。寄情山水，爱花赏月，是国人调整身心的一种好方式，也是热爱生活、热爱自然的表现。可以开展多姿多采的赏月赏桂活动，包活开辟中短途赏月、赏桂旅游线。

（2）团圆和谐。天上月圆，地上人圆，花好月圆人团圆。"圆"对中国人有特殊的含义，中国古代认为天是圆的，圆是完整、没有偏缺，所以又叫"圆满"。人们看到月亮圆满时也希望人间圆满，首先就是团圆。夫妻团圆、亲人团圆，骨肉情深，家庭和睦，温馨和谐，安享天伦之乐，这在国人的幸福指数中占有重要位置。团圆是一种群体意识（一个人不存在团圆不团圆），不是个人独好，而是周围的人都好，大家团聚和谐。团圆又不限于家庭，团圆是国人的生活愿景，是国人追求的生命情调，表现为对亲情、友情、和谐、美满的祈求。中国人讲"国家"，国是扩大了的家。团圆扩大到全民族的团圆，这是中华民族凝聚力的重要精神元素。国家的团圆就叫"金瓯无缺"，领土完整统一。所以不可轻看团圆意识，这是爱家爱国的深层心理元素，是建设和谐社会的精神资源。就着这个主题可开展家庭、社区、社团……各个层面，乃至海内外的节庆活动，增进团结，增进和谐。

重阳节 随着世界人口老龄化，倡导尊老敬老需要设立老人节。美国的老人节是9月的第一个礼拜日，日本的老人节是9月15日，韩国的老人节是 5 月 8 日，智利的老人节是 10 月 15 日……不强求"一体化"，这是成功的范例。1989 年，我国政府决定以本来就蕴含着敬老内涵的重阳节为中国敬老节（2013 年起又称"老年节"），这是第一层叠加，使这一传统佳节增添了新的内涵，是发展传统节日和保护非物质文化遗产的范例。重阳节作为中华敬老节，可以就势再叠加为中华父亲节，详见前文。